Kurt W. Koeder

New Life Balance im Ruhestand

Kurt W. Koeder

New Life Balance im Ruhestand

Denkanstöße für die Rente

Tectum Verlag

Aus Gründen der besseren Lesbarkeit wird im Folgenden auf die gleichzeitige Verwendung weiblicher und männlicher Sprachformen verzichtet. Sämtliche Personenbezeichnungen gelten gleichermaßen für alle Geschlechter.

Kurt W. Koeder
New Life Balance im Ruhestand
Denkanstöße für die Rente

ISBN 978-3-8288-4562-6
ePDF 978-3-8288-7617-0

Gesamtverantwortung für Druck und Herstellung:
Nomos Verlagsgesellschaft mbH & Co. KG
Printed in Germany

Informationen zum Verlagsprogramm finden Sie unter
www.tectum-verlag.de

Bibliografische Informationen der Deutschen Nationalbibliothek
Die Deutsche Nationalbibliothek verzeichnet diese Publikation in der Deutschen Nationalbibliografie; detaillierte bibliografische Angaben sind im Internet über http://dnb.ddb.de abrufbar.

Vorwort

Im Kindergarten werden wir auf die Schule vorbereitet, in der Schule auf die Berufsausbildung/das Studium, während der Ausbildung werden wir berufsorientiert angeleitet. Den Berufseinstieg übernehmen die Unternehmen durch sogenannte „Personalentwicklung into the job“ – Einarbeitungsprogramme. Der Berufsausstieg nach vielen Berufsjahren in die Rentenphase (Personalentwicklung out of the job) dagegen ist von den meisten Betroffenen noch überwiegend unvorbereitet und unorganisiert, und auch von Unternehmensseite gibt zu selten organisierte Veranstaltungen und Instrumente/Modelle zur Vorbereitung auf die nachberufliche Lebensphase für Mitarbeiter (Ruhestandsvorbereitungsprogramme), bis auf einige Ausnahmen, die wir später noch kurz ansprechen werden. Dies wird insbesondere in KMUs – kleinen und mittelständischen Unternehmen – fast gänzlich vermisst.

Hinsichtlich der Lebensphilosophie der jungen Generationen auf die vielzitierte und geforderte Work life balance, die Ausgeglichenheit von Arbeit und Privatleben, folgt danach die **„New life balance“**, die Ausgeglichenheit und Lebensbalance im Rentenalter. Der Übergang vom Berufsleben in den Ruhestand ist ein „kritisches Lebensereignis“, da eine veränderte Lebenssituation nicht unwesentliche Anpassungen der Werte, der Orientierungen und der Organisation des individuellen Tagesablaufs erfordert. Viele angehende Rentner benötigen in dieser Zeit Unterstützung in der Entwicklung einer tragfähigen Lebensperspektive und positiven Lebenseinstellung, so Prof. Kruse, Altersforscher von der Universität Heidelberg. Und hierüber wollen wir auch sprechen.

Ziel dieses Buches ist es nicht, die gesellschaftlichen Auswirkungen des Alterns auf unsere Volkswirtschaft zu diskutieren, ebenso nicht über auftretende schwerwiegende Krankheiten und deren Umgang im Alter zu mutmaßen und Ratschläge zu erteilen, sondern uns den **Individuen des Alterns**, den Senioren und Rentnern, widmen und einen Versuch starten, einige biologische, psychologische und soziale Aspekte dieser Altersgruppe auch teilweise vor dem Hintergrund zahlreicher wissenschaftlicher Grundlagen allgemeingültig und verständlich zu beschreiben und Hinweise für das eigene Altern und die Zeit im Ruhestand mit vielen Tatbeständen des Alterns und Denkanstößen zu konfrontieren. Ganz im Sinne des Schriftstellers Franz Kafka, der hierzu geschrieben hat: **„Jeder der sich die Fähigkeit erhält, schönes zu erkennen, wird nie alt werden“.**

Insgesamt ist in diesem Buch nicht geplant, tiefgründige wissenschaftliche Betrachtungsweisen anzustellen, vereinzelt aber dennoch kleine Exkurse zu wagen und auf wichtige Ergebnisse aus Studien hinzuweisen. Wundern Sie sich nicht über die mehrmaligen Wiederholungen bestimmter wichtiger Sachverhalte in einzelnen Kapiteln, dies ist Absicht und auch aus lernpsychologischen Gründen im Alter wichtig. Durch mehrmalige Redundanzen bleibt der Inhalt im Gedächtnis besser haften und somit allgegenwärtiger und dies ist gerade in der vorgerückten Lebensphase wichtig. Wie sagte schon der Lateiner: **„Repetitio est mater studiorum** (Die Wiederholung ist die Mutter des Lernens/Studierens).

Sie sollen mit diesem Büchlein dazu aufgefordert werden, sich mit Ihrer aktuellen Lebenssituation und Ihren persönlichen Gegebenheiten vor und während des Rentenaltes zu beschäftigen auch mit dem Ziel, ein verträgliches Altern in der Ruhephase des Lebens zu ermöglichen. Hierzu enthält das

Buch wichtige Hinweise und Anregungen für den Umbruch, Aufbruch und den Neubeginn eines Lebens im Rentenalter. Unsere Gesundheit ist dabei unser höchstes Gut, sei es die körperliche, seelische oder soziale Gesundheit. Lassen Sie sich nicht von den vielen negativen Vorurteilen, die mit dem Altern oftmals verbunden sind und mit denen wir des Öfteren konfrontiert werden, schockieren. Lassen Sie sich durch die positiven Gegebenheiten des Alterns leiten und entwickeln Sie Ihr eigenes System/Programm für und während des Ruhestandes.

Darüber hinaus sollen Unternehmen und ihre HR-Abteilungen durch die beschriebenen Gedanken aufgefordert werden, im Rahmen ihrer PE-Entwicklung 60plus sich etwas intensivere Gedanken über einen unterstützten, sinnvollen Ausstieg Ihrer Mitarbeiter zu machen, ruhestandsvorbereitende Maßnahmen für Interessierte zu diskutieren und zu konzeptionieren, sowie auch gewisse gleitende Übergangsmöglichkeiten/-modelle zu entwickeln und zu erproben. Einige Unternehmen bieten hier sinnvolle Anregungen, wie wir noch sehen werden.

Insgesamt werden die einzelnen Kapitel und Abschnitte durch Aphorismen umrahmt. Diese stellen Sinnsprüche und Lebensweisheiten von namhaften Persönlichkeiten zu bestimmten Textteilen dar. Aphorismen sind meist einprägsam, pointiert formuliert und regen zum Nachdenken und auch zum Behalten und oftmals zum Schmunzeln an.

Prof. Paul Baltes, früherer Leiter des Max-Planck-Institutes für Bildungsforschung, hat für erfolgreiches Altern schon vor Jahren ein sog. **S-O-K-Modell** entwickelt, das Kriterien aufzeigt, die Menschen zufriedener altern zu lassen. Dabei steht S für **selektieren**, d.h. sich auf solche Aufgaben und Aktivitäten zu konzentrieren, die wir aufgrund des bisherigen Lebens besonders gut können und die uns auch Spaß machen und unsere Neugierde für Neues anregen. O steht für **optimieren** von Dingen, die wir im Leben stets trainiert, konditioniert und verbessert haben und die uns auch im Alter noch zur Verfügung stehen und verbessert werden können. Wichtig ist hierbei ebenfalls der Erwerb von Wissen und Fertigkeiten, das lebenslange Lernen. Somit lassen sich K = **kompensieren** von physischen und psychischen Einbußen und Gegebenheiten durch neu erworbene und bisher ungenutzte Potenziale z.B. die Nutzung informeller Netzwerke, sozialer Netzwerke, Informationen über Problembereiche im Alter, definieren.

In diesem Sinne tragen, nach Baltes, **Selektion, Optimierung und Kompensation** als Grundprozesse zur Erhaltung von Handlungskompetenz und Lebensqualität im vorgerückten Alter, selbst bei gewissen Funktionsverlusten (z.B. Erinnungsfähigkeit) und körperlichen Einschränkungen bei. Seine drei Prozessschritte laufen dabei nicht nebeneinander, sie bleiben aufeinander bezogen und wirken zusammen. Wenn Sie eine Balance zwischen diesen drei Dimensionen herstellen können, wird das subjektive Wohlbefinden im Alter sowohl stabilisiert als auch erhöht. Ziel dieses Ansatzes von Baltes ist es, dass die Gesellschaft und die Menschen in dieser Gesellschaft das Altern insbesondere im letzten Lebensabschnitt selbst mitgestalten können, sollen und müssen.

Ich darf mich an dieser Stelle ganz herzlich bei einer Vielzahl von Ruheständlern und Seniorenstudierenden, ehrenamtlich Tätigen und Personalleitern sowie Geschäftsführern der verschiedensten Unternehmen sowie Leitern von Seniorenbüros in den unterschiedlichsten Institutionen für die vielfältigen Informationen und Denkanstöße zu dieser Thematik bedanken. Ferner bei zahlreichen Kollegen der unterschiedlichen Hochschulen/Universitäten, auch aus den FB Medizin und Gerontologie und bei meinen Seniorenfreunden, mit denen ich seit vielen Jahren intensiv kommuniziere und auch gemäßigt Sport treibe sowie einen regen Gedankenaustausch auch über das Leben generell und im Alter pflege. Viele Denkanstöße für diese Thematik erhielt ich durch meine zahlreichen Vorträge zu Themen wie „After work life balance“ oder „Personalentwicklung out of the job – Ruhestandsvorbereitung“ in Unternehmen und zahlreichen Bildungseinrichtungen.

Ingelheim im Dezember 2020 Prof. Dr. K.W. Koeder

Inhaltsverzeichnis

1. Lebensphasen

Der Mensch durchläuft in seinem hoffentlich langen Leben eine Vielzahl von Lebensphasen, von der Geburt bis zum Tod. Dabei ist eine Lebensphase gekennzeichnet als ein Entwicklungsstadium oder eine Altersstufe mit unterschiedlichen zeitlichen Abschnitten im Leben eines Menschen, voneinander abgegrenzt durch eigenständige Merkmale, z.B. Erziehungszeit, Ausbildung, Berufstätigkeit. In Abhängigkeit von z.B. der wissenschaftlichen Betrachtungsweise (wie der Biologie, Medizin, der Psychologie oder der Soziologie) ist die Abgrenzung der einzelnen Lebensphasen durch unterschiedliche qualitative Merkmale nicht verbindlich festgelegt, daher ergeben sich auch keine eindeutigen Alterszuordnungen, z.B. 60–70 Jahre. Während das **Alter** einen Lebensabschnitt meint, einen Abschnitt im Lebenslauf, dessen Beginn und Bedeutung durch kulturelle Gegebenheiten unterschiedlich sein kann, bezieht sich **Altern** auf individuelle Veränderungsprozesse im Laufe des Lebens, in unserem Falle der Zeit nach dem Berufsleben. Neben diesen Lebensphasen unterscheiden wir noch verschiedene Ebenen des Alterns, wie z.B. physisches Altern (körperliche Verfassung und Einschränkungen), das psychische Altern (innerliches Fühlen, Denken und Handeln), das soziale Altern (Kommunikation mit anderen, Teilen von Erfahrungen mit Partner, Freunde, Bekannte, Verlust liebgewonnener Personen) und das kulturelle Altern (Veränderung des eigenen Lebensraumes, Generationenkonflikte, verändertes Wertesystem). Halten wir es in diesem Zusammenhang mit einer Weisheit der französischen Schauspielerin Jeanne Moreau, die sagte: **„Alternde**

Menschen sind wie Museen: Nicht auf die Fassade kommt es an, sondern auf die Schätze im Innern".

Die Diskussion um die Einteilung des Lebens in Lebensphasen, in Entwicklungsstadien oder Altersstufen, die die unterschiedlichen zeitlichen Abschnitte in der Entwicklung des Menschen bezeichnen, wurden schon in **der Antike** beschrieben. So gliederte der griechische Philosoph Pythagoras das Leben des Menschen in vier Phasen, der Arzt Hippokrates in sieben und der griechische Universalgelehrte Aristoteles in drei Phasen. Heute spielen Lebensphasen im juristischen Bereich eine Rolle (Liste der Altersstufen im deutschen Recht), in wirtschaftspolitischen Betrachtungen (Alterspyramide), in der Pädagogik (gegliedert nach den Bildungsstufen) ebenso wie in der Psychologie (Entwicklungsphasen Kindheit, Jugend usw.), wobei die konkreten Altersangaben zu einer Lebensphase unterschiedlich ausfallen können. Lebensphasen werden ebenso durch eine Abfolge von Lebensereignissen beschrieben wie Schulzeit, Berufsausbildung, Erwerbsleben und Rentenzeit (vier Phasen). Unser Thema ist die Lebensphase „Ruhestand" bzw. „Rentenzeit". Dabei halten wir uns an eine Aussage von Prof. Süssmuth, einer deutschen Politikerin und Erziehungswissenschaftlerin, die dazu anmerkte: **„Jede Lebensphase bietet die Möglichkeit, neu anzufangen".**

Die Lebenserwartung in Deutschland steigt kontinuierlich an, derzeit bei Frauen 83 Jahre, bei Männern 79 Jahre. Nach dem Renteneintritt leben Männer heute im Schnitt noch 18 Jahre und Frauen 22 Jahre. Vor 60 Jahren waren es nur jeweils 10 Jahre gewesen. Heute ist jeder sechste Deutsche 55 bis 65 Jahre alt. Die Alterspyramide hat deutliche Ausbuchtungen in den „besten Jahren". Prof. Andreas Mergenthaler, Forschungsgruppenleiter Alterung am Bundesinstitut für Bevölkerungsforschung, stellt fest, dass derzeit 37 Rentner auf 100 Menschen im erwerbsfähigen Alter kommen, bis 2050 werden es 50 Rentner sein. Diese Perspektiven werden sich in den kommenden

Jahren so weiterentwickeln. Deutschland wird immer älter, darauf müssen wir uns einstellen, und dies hat auch Auswirkungen auf das sich erhöhende Lebenszeitpolster nach der Berufstätigkeit. Wir werden also immer älter, wir bleiben auch länger fit. „60 ist das neue 50", heißt es heute, „70 das neue 60"?

Wenn wir älter werden, werden wir dies nicht alleine, sondern gemeinsam mit anderen Menschen. Altern ist, so Prof. Kruse von der Uni Heidelberg, hauptsächlich ein individueller vielfältiger Prozess, der unterschiedlich verlaufen kann. Altern ist aber auch ein dynamischer Prozess mit vielen Entwicklungsmöglichkeiten, geprägt durch Höhen und Tiefen. Altern ist biologisch und medizinisch festgelegt durch eine körperlich nachlassende Funktionsfähigkeit sowie der Wahrscheinlichkeit von Erkrankungen. Altern ist ein lebenslanger Prozess, der mit der Geburt beginnt, definiert durch die eigene Lebensgeschichte und somit etwas ganz Individuelles. Und die Anregung von Albert Schweitzer, einem deutsch-französischen Arzt und Philosoph, lautet hierzu noch zusätzlich: **„Die größte Entscheidung deines Lebens liegt darin, dass du dein Leben ändern kannst, indem du deine Geisteshaltung änderst".**

Wir sind als Individuen in ein Geflecht einer Vielzahl sozialer Beziehungen eingebettet, daher ist Altern auch ein sozialer Prozess durch langjährige Partnerschaften, durch die Kinder oder durch Freunde und Bekannte, durch Arbeitskollegen im Unternehmen. Die Formen der Beziehungen sind dabei sehr unterschiedlich. Diese unterschiedlichen Beziehungen haben auch unterschiedliche Bedeutungen, z.B. innerhalb der Familie durch Zuneigung, Vertrauen und Unterstützung. Die Beziehungswelt zu anderen Menschen kann aber auch durch Konflikte, z.B. Nachbarschaftsstreit, belastend wirken. Altern als ökonomischer Prozess hat etwas mit der materiellen/finanziellen Situation zu tun, die unser Leben mitbestimmt und altern ist auch ein geschlechtsspezifischer Prozess, so ist z.B. die Lebenserwartung der Frauen höher als die der Männer und deutlich mehr Frauen sind am Ende ihres Lebens allein.

2. Ruhestand – den Übergang aktiv gestalten und planen

Das Herannahen der Lebensphase „Ruhestand“ löst eine Vielzahl von Fragen aus. Diese Fragen werden umso belastender und bohrender sein, je früher und oftmals unerwarteter der Ruhestand kommt bzw. auch individuell geplant ist. Dieser Tatbestand wird von den Betroffenen meist bis zu den letzten Arbeitstagen verdrängt. Und dann: Was danach früher belastet hat, wird plötzlich vermisst. Aus vielen Gesprächen mit Betroffenen ist zu hören, wie diese sich doch auf den Ruhestand freuen, insgeheim bleibt aber meist auch ein uneingestandenes Unwohlsein.

Ferner ist das Ausscheiden aus dem Arbeits- bzw. Berufsleben oftmals nicht nur für Unternehmen, sondern auch insbesondere für die Betroffenen ein Tabuthema. Gründe für den Einzelnen liegen meist in Wunschvorstellungen wie z.B. unersetzlich zu sein, es ist ja noch lange hin, Angst vor Leere, Isolation und fehlende Anerkennung im Ruhestand.

Eine Forderung müsste lauten: Zukünftige Ruheständler dürfen nicht „blind“ und unvorbereitet aus dem Berufsleben aussteigen (bis zum 30.6. ist ja noch lange hin), sondern Unternehmen und insbesondere betroffene Mitarbeiter müssen diese Phase bewusst planen und gezielt vorbereiten, d.h. ein Art **Ruhestandsmanagement** entwickeln, denn wer ein Leben lang gearbeitet hat, steht nach dem Ausscheiden aus einem intensiven Berufsleben oftmals vor einer Sinnkrise. Und noch eins:

„Wenn man in den Ruhestand geht, verliert der Samstag seinen Reiz“.

Auf **betrieblicher Ebene** gibt es durchaus Möglichkeiten, den Mitarbeiter nicht abrupt, sondern abgestuft an den Ruhestand heranzuführen, sei es über gleitende Modelle wie Job Rotation, Kürzung der Wochenarbeitszeit, Vorruhestandsregelungen, Beraterverträge, stundenweise Beschäftigung, u.v.m., und dies danach eventuell in eine gleitende, stundenweise Tätigkeit münden zu lassen. Über die Beteiligung von Unternehmen an der Gestaltung Ihres Übergangs in die Rentenphase müssen wir später nochmals reden.

Viel wichtiger ist es aber, dass die Betroffenen (Einzelne und Unternehmen) über dieses Thema reden und nachdenken, Vorstellungen diskutieren, Informationen über die Zeit danach sammeln, Interessen artikulieren, schlummernde Potenziale erkennen und reaktivieren, Talente ausleben, neue Betätigungsfelder sichten und ausprobieren, Stärken zu verstärken, Neugierde zu wecken, etwas zu wagen und auszuprobieren und sich nicht 6 Monate, sondern wenige Jahre vorher damit auseinanderzusetzen, um Aktivitäten zu managen. Der Übergang von der Erwerbsarbeit in den Ruhestand ist eine echte Herausforderung mit Perspektiven und er bietet auch eine Vielzahl von interessanten Ansätzen in Literatur und Praxis. Halten wir es an dieser Stelle mit Marcus, Tullius Cicero, einem römischen Politiker, der schon vor 2000 Jahren hierzu meinte: **„Nicht das Alter ist das Problem, sondern unsere Einstellung dazu“.**

Um die **nachberufliche Zeit als Chance** zu nutzen, ist also schon viel früher eine Orientierung notwendig, eine Zwischenbilanz, ein Rückblick und ein Blick nach vorne in Richtung Umbruch, Aufbruch und Neubeginn. Reflektieren Sie schon vorher die Auswirkungen der Rentenzeit auf Ihre Lebensbereiche und -felder, z.B. Sozialkontakte, Freizeit, Finanzen und Gesundheit. Analysieren Sie sich selbst kritisch, bevor der neue Lebensabschnitt beginnt. Dabei gibt es oft Dinge, die Sie schon immer mal gerne machen wollten, z.B. Musikinstrument lernen, mehr zu reisen, entdecken Sie neue Eigenschaften bei sich und zeigen Sie Interesse und Neugierde auch für Neues und vielleicht Liegengebliebenes. Dazu ist eine hohe innere Bereitschaft erforderlich. Und wenn Sie einen Partner haben und auch gute Freunde, binden Sie diese unbedingt ein und zwar frühzeitig.

Vielleicht erkennen Sie hierbei auch, dass Sie durch die intensive Berufsausübung auf Vieles verzichten mussten. Möchten Sie Neues in Angriff nehmen, ist dies mit neuem Lernen und Ausprobieren verknüpft. Dabei geht es nicht nur um das Erlernen neuer Fähigkeiten wie z.B. Golf, Tennis, Sprachen, sondern insbesondere um neue Einstellungen (z.B. Offenheit neuen Dingen gegenüber), neue Werte (z.B. Selbstbestimmung), neue Techniken (z.B. autogenes Training) oder neue Gewohnheiten (z.B. Besuch von Vorträgen, lesen ausgewählter Bücher), verbunden mit einem hohen Maß an Interesse und Neugierde. Lassen Sie sich hierzu durch Albert Einstein, einem deutschen Physiker, leiten: **„Ich habe keine besondere Begabung, sondern bin nur leidenschaftlich neugierig“.**

Dies lässt sich nicht so nebenbei aneignen, sondern muss gelernt, geübt, kultiviert und konditioniert werden. Dabei bieten z.B. Seminare für die Vorbereitung der Ruhestandsphase, unternehmensintern oder -extern angeboten, oftmals erste nützliche Hilfestellung und zahlreiche Anregungen. Ferner helfen hier auch Seniorenberatungsstellen in Kommunen und Kreisverwaltungen sowie interessante fachspezifische Literatur oder aber auch Gespräche mit Ruheständlern Ihres Bekanntenkreises, u.v.m.

Heute sind sehr viele Rentner und Pensionäre 450 Euro Jobber oder gehen einer sonstigen geregelten Tätigkeit nach, stundenweise oder als Kleingewerbetreibender (leider für viele ein MUSS, um die Rente aufzubessern und den Lebensunterhalt zu bestreiten) oder auch ehrenamtlich in den verschiedensten Bereichen aktiv. Im Bereich des „ehrenamtlich tätig sein" bieten sich, wie später noch diskutiert wird, sehr vielfältige Möglichkeiten in Gemeinden, Städten, Schulen, Kindergärten usw., um der Gesellschaft etwas von dem zurückzugeben, was sie vorher erhalten/genutzt haben. Machen wir uns aber nichts vor, wenn wir nicht zusätzlich Vermögensbildung während der Berufstätigkeit betrieben haben, ist das Rentenleben gegenüber dem Arbeitsleben finanziell ein großer Rückschritt. Denn auch die uns zur Verfügung stehenden Finanzmittel tragen in ganz erheblichem Maße zu einer Zufriedenheit und Ausgeglichenheit im Alter bei und zu mehr Lebensqualität.

Derzeit sind in Deutschland insgesamt etwas über 30 Mio. Menschen ehrenamtlich tätig, meist freiwillig und unentgeltlich. Über 20% davon sind 70 Jahre und älter. Es wäre schade, wenn die Gesellschaft die Potenziale der Menschen im dritten Lebensabschnitt, die hierbei einen recht hohen Anteil stellen, nicht aktivieren und nutzen würde, insbesondere bei denen, die noch wollen und können und produktiv alt werden möchten. Wie sagte schon der deutsche Mundartdichter Herrmann Lahm: **„Der Ruhestand hat so viel mit Ruhe zu tun, wie der Verstand mit stehen".**

Jammern bringt nichts. Wenn die Arbeit wegfällt, müssen Sie eine **neue Balance** in Ihrem Leben suchen, finden, schaffen und leben.

Achten Sie darauf, ein erfülltes Leben im Ruhestand besteht aus mehreren „Baustellen", die Sie hegen und pflegen und auch miteinander verbinden sollten, denn Sie sind Basis für eine gesunde Lebensführung und Ausgeglichenheit im Alter:

- Sinnvolle Beschäftigungen (z.B. Arbeit, Ehrenamt)
- Materielle Sicherheit (Status quo halten können)
- Lebenssinn, Lebenswerte und Lebensfreude (z.B. Lernen, Reisen)

- Soziale Beziehungen, Familie, Netzwerke, Freundes- und Bekanntenkreis
- Körperliches und seelisches Wohlbefinden (z.B. Sport und nette Gespräche)

Und noch eines ist wichtig: Lange Zeit war die Psychologie der Meinung, dass der Charakter des Menschen, seine Persönlichkeit, mit ca. 30 Jahren ausgebildet sei. Aber nach schweren Krisen und bestimmten Vorfällen, so z.B. Corona Virus, die Rentenzeit, der Verlust des Partners oder eines Kindes, ein neuer Partner, entdecken Menschen oft Eigenschaften an sich, die ihnen aufgrund der Anforderungen ihres Alltags vor Eintreten dieser Tatbestände nicht bekannt waren, z.B. eine gewisse Häuslichkeit, mehr Nähe zum Partner und zu wichtigen, vertrauten Personen, neue Freundschaften, neue Interessen, Neugierde. Wir wachsen an diesen Gegebenheiten, so die Psychologen, nach solchen Krisen, hier der Verlust des Arbeitsplatzes, sind die Menschen oft emotional stabiler. Dies ist allerdings keine Selbstverständlichkeit, schwerwiegende Erlebnisse können auch umgekehrt zu lethargischem, lustlosem Verhalten führen, wie wir noch sehen werden.

Die Persönlichkeitsforschung weiß daher zwischenzeitlich, dass unser Charakter bis ins hohe Alter wandelbar bleibt und dass dieser Wandel, diese Veränderung, von besonderen, auch einschneidenden Erlebnissen verursacht und beeinflusst wird. So gaben zahlreiche Senioren im Gespräch an, dass sie ihr Leben, und damit ihre Persönlichkeit, völlig umgestellt haben und mussten, nachdem der Partner leider vorzeitig starb.

Eine noch recht junge Erkenntnis. Denn am Anfang der Lehre von der Entwicklung des Menschen stand die Kindheit. Sigmund Freud, der „Urvater“ der Psychologie, ging dabei im 19. Jg. von einem starken Einfluss der frühen Kindheit auf das Erwachsenenalter aus. Diese Erkenntnis war lange Zeit gesichert, dass nichts den Menschen so sehr präge, wie die ersten

Jahre des Lebens. Eine Untersuchung von Prof. Specht, FU Berlin, zeigte, dass sich im jungen Erwachsenenalter bis zum Alter von 30 ebenso im späteren Alter bis etwa 70 Jahren die Persönlichkeit der Menschen noch stark verändern kann. Über die einzelnen Charakter- bzw. Persönlichkeitsveränderungen lässt sich allerdings noch nichts Konkretes ableiten, einen gewissen Einfluss haben aber, z.B. gesundheitliche Veränderungen, psychische Rückschläge und auch möglicherweise der Eintritt in die Rentenphase.

Lange Zeit gingen wir also in der Entwicklungspsychologie nicht davon aus, den Begriff der Entwicklung mit dem Altern in Verbindung zu bringen. Von Entwicklung wurde nur gesprochen, wenn es um die Lebensphasen der Kindheit und Jugend ging. Heute wissen wir, wir entwickeln uns über die gesamte Lebensspanne und verändern uns bis ins hohe Alter. Wie formulierte dies Albert Einstein: **„Auf Veränderung zu hoffen, ohne selbst etwas zu tun, ist wie am Bahnhof zu stehen und auf ein Schiff zu warten“.**

3. Von der Historie lernen

3.1 Philosophie des Alterns in der Antike – ein kleiner Exkurs

Wer eine individuelle Betrachtung des Alterns (Sicht des Einzelnen) oder eine gesellschaftliche anstellt, sollte auch einen kurzen Blick in die Geschichte dieses Themenfeldes werfen. Damit erhält die Gegenwart, so der Philosoph Prof. Otfried Höffe von der Uni Tübingen, einerseits ein schärferes Profil, andererseits bewahrt dieser Blick auch vor einer gewissen Selbstüberschätzung, denn weder das Altern noch dessen Herausforderungen sind gänzlich neu, ferner können wir von der damaligen, schon sehr frühen Gedankenwelt auch heute noch lernen. Seine Publikationen hierzu bieten für das heutige Altern interessante Denkanstöße und wesentliche Erkenntnisse.

Lange vor der derzeitigen Altersforschung, der Gerontologie, gab es auch schon eine Art **„vorakademische, zum Teil philosophische Altersforschung"**, obwohl zur damaligen Zeit „alte Menschen" eine Seltenheit waren. Dabei wurden zwar bekannte Persönlichkeiten wie z.B. der griechische Dichter Sophokles, der rd. 500 Jahre vor Christus gelebt hat, neunzig Jahre alt, ebenso haben Pythagoras und Platon ein ähnlich hohes Alter erreicht.

Interessant zu lesen ist aber, dass bereits vor über 2000 Jahren derartige altersspezifische Fragestellungen schon aufgeworfen wurden, obwohl es zur damaligen Zeit einen geringen Seniorenanteil an der Gesamtpopulation der Menschen gab, da die Sterblichkeitsrate viel höher lag und „alte Menschen" jenseits der 80iger Jahre eher selten waren, bis auf einige Ausnahmen. Nur etwa 6% der Menschen erreichten in der Antike das sechszigste Lebensjahr. Und im alten Rom galt man mit 40 Jahren bereits als Greis. Die Antike (aus dem Lateinischen antiquus = alt, altertümlich, altehrwürdig) war eine Kunstepoche im Mittelmeerraum, die zeitlich etwa von 800 v.Chr. bis 500 n.Chr. reichte. Dabei gibt es, so Prof. Schmitz von der Uni Bonn, sehr unterschiedliche Bilder von den Alten in dieser Zeit, einerseits das positive Bild der Alten, geprägt durch Weisheit, Lebenserfahrung und Besonnenheit. Andererseits das negative Bild des Alters gekennzeichnet durch den Rückgang der körperlichen und geistigen Kräfte verbunden mit der Verspottung der Alten. Trotzdem genoss in der Antike das Alter teilweise hohes Ansehen, so hatte der damalige Ältestenrat grundsätzlich das letzte Wort in der Politik und der römische Senat leitet seine Bezeichnung von dem Wort „senex" ab, was übersetzt „Der alte Mann, der Greis" heißt. Durchaus vergleichbar heute mit vielen Gemeinde- und Stadträten in der Kommunalpolitik und auch in den Vorständen von Vereinen, in denen sich oftmals nach heutiger Betrachtung „alte Männer" tummeln.

Auch die antiken Altersbilder bewegten sich damals schon zwischen Geringschätzung und Hochachtung, einerseits verspottet, andererseits gelobt.

Der römische Staatsmann und Philosoph **Markus Tullius Cicero** (lebte rd. 100 Jahre v.Ch.) hat eine der bedeutendsten Altersstudien der Weltgeschichte verfasst. Vorbilder für diese Alterskunst finden wir nicht nur bei den Griechen, sondern auch bei den Römern und den Weisen von Indien (Buddha 80 Jahre) und China (Konfuzius mit 72 Jahren gestorben).

Cicero hat sich in seiner Schrift „Cato major de senectute" (Cato der Ältere über das Alter), auch zitiert in Prof. Höffes Buch über die hohe Kunst des Alterns, sehr intensiv schon mit dem Alter einhergehender Veränderungen auseinandergesetzt.

Sie müssen sich dies einmal in Ihrer Gedankenwelt heute vorstellen: Schon vor mehr als 2000 Jahren stellte Cicero neben den Herausforderungen des Alterns individual- und sozialpsychologische Überlegungen an, die einerseits gesellschaftsorientiert, andererseits individualisiert für die einzelnen Senioren Gültigkeit haben können. Ferner formulierte er dies zum Altern: **„Gibt es etwas Schöneres als Greisentum umringt vom Wissensdurst der Jugend"**.

Folgende **vier Vorwürfe** an das Alter führt er in seiner Schrift auf, die er als eine Art Anklagepunkte formulierte, aber die er allerdings gleich wieder argumentativ entkräftete und dann auch noch in Herausforderungen und Perspektiven für das Altern ummünzte:

- **Zwang zur Untätigkeit**: Das Alter halte von Taten ab. Seine Empfehlung, sich für das Gemeinwohl zu engagieren (bonum commune). Bezogen auf unsere heutige Zeit, sich in einer ehrenamtlichen Tätigkeit zu engagieren, die der Gesellschaft zugutekommt;
- **Körperliche Kräfte lassen nach**: Das Alter mache den Körper schwach. Entkräftet wird dieser Vorwurf von ihm dadurch, dass der Mensch nicht nur durch körperlichen Einsatz große Dinge vollbringt, sondern durch Fähigkeiten, die im fortgeschrittenen Alter nicht abnehmen müssen, nämlich auch durch einmal Gelerntes und Erfahrungswissen. Dem Nachlassen der Gedächtnisleistung kann durch kontinuierliche Übung entgegengewirkt werden. Durch stetes Lernen, was wir heute unter lebenslangem Lernen verstehen, können die geistigen Kräfte bewahrt werden, denn der Mensch bleibt bis ins hohe Alter lern- und leistungsfähig und Schwachheit rührt oftmals von einem unvernünftigen Lebenswandel her.
- **Abnehmen sinnlicher Freuden**: Das Alter beraube einem beinahe aller Genüsse. Diese werden, so Cicero, aber von

vielen Menschen als eine Art Befreiung von unnötigen bzw. unerlaubten Begierden angesehen. Damit eröffnen sich aber mehr Freiräume für ein Leben in Geselligkeit, unbelastete Gespräche untereinander und zwischen den Generationen, Freude an einer geistigen Tätigkeit, während z.B. die Begierde nach Speis und Trank nachlässt;

- **Nähe des Todes**: Das Alter sei nicht weit vom Tod entfernt. Dabei lässt er sich auf die beiden, vor 2000 Jahren herrschenden Vorstellungen ein: Einerseits werde der Geist ausgelöscht andererseits lebe dieser an einem anderen Ort (ewiges Leben) weiter. Unter Berücksichtigung beider Annahmen muss man den Tod nicht fürchten. Hierzu ist abschließend seine Empfehlung, zu Lebzeiten noch etwas über den Tod hinaus Bleibendes zu schaffen, damit die eigene Lebenszeit in der Erinnerung der Menschen/Familie danach weiter präsent sei.

Cicero selbst wurde leider nach Verfassung seiner Altersstudie im Jahre 43 v.Ch. ermordet. Er wurde 63 Jahre alt. Er verteidigte aber schon damals das Alter als eine notwendige und erfreuliche Lebenszeit. Von ihm stammt auch der weise Spruch: **„Verstand, Vernunft und Klugheit finden sich bei den Greisen, und hätte es nie Greise gegeben, so hätte es auch nie Staaten gegeben".**

Altersspezifische, -freundliche und auch altersfeindliche Diskussionen und „Forschungen" gibt es also nicht erst seit einigen Jahrzehnten. So sagt ein altes japanisches Sprichwort schon: **„Die größte Kulturleistung eines Volkes sind die zufriedenen Alten".**

3.2 Gerontologie – die Wissenschaft des Alterns heute

Erlauben Sie an dieser Stelle einen kleinen Einblick in die neuere **Wissenschaft vom Altern**, die Gerontologie, die Alterswissenschaft, denn auch viele dieser heutigen Erkenntnisse wirken beruhigend und wir Senioren können diese für unsere Lebensplanung – und Lebensgestaltung nach der Arbeitsphase nutzen.

Die **Gerontologie** ist noch eine recht junge Wissenschaft, der erste deutsche Lehrstuhl – Professur – wurde erst im Jahre 1986 an der Universität in Heidelberg gegründet. Da die Problemstellungen des Alterns aus den verschiedensten Blickrichtungen und Fragestellungen betrachtet werden müssen, gehören zur Gerontologie die unterschiedlichsten Fachrichtungen und Fachgebiete, z.B.:

- Sicherlich am Bekanntesten ist die Geriatrie, die Krankheiten im Alter erforscht und sich um die Altersversorgung kümmert;
- Die Gerontopsychologie und -psychiatrie, die sich mit der Erforschung psychologischer Aspekte im Alter und psychische Krankheiten kümmert und diese erforscht;
- Die soziale Gerontologie und die Gerontosoziologie legt ihr Forschungsaugenmerk auf soziale und soziologische Aspekte im Alter;
- Eine besondere Fachrichtung ist die Altenhilfe, die durch ihre zahlreichen Institutionen ältere Menschen unterstützt.

Auch andere Disziplinen wie z.B. die Demographie (Bevölkerungsentwicklung), die sozial- und verhaltenswissenschaftliche Gerontologie (Verhaltensänderungen im Alter), der Generationenwandel werden als Fachgebiete an der Universität gelehrt.

Speziell die **Entwicklungspsychologie** setzt sich dabei mit den psychischen Veränderungen sowie deren Entwicklung auseinander. So wird insbesondere bei älteren Menschen folgenden Fragestellungen nachgegangen, z.B. Wie verhält sich ein älter werdender Mensch? Wie erlebt er die Situation des Alterns? Was sind die inneren und äußeren Gründe für dieses Erleben und Verhalten im Alter? Dabei ist jetzt die Psychologie gefragt, die Hinweise und Ratschläge geben soll, welche Maßnahmen das Wohlbefinden im Alter verbessern können. Dies wird auch als **Interventionsgerontologie** bezeichnet, die sich auf folgende Erkenntnisse stützt:

- Altern ist nicht identisch mit dem Nachlassen von geistigen und sozialen Fähigkeiten;
- Auf den Alterungsprozess wirken z.B. biologische, soziale, ökonomische und biographische Faktoren;
- Entscheidend für den Prozess des Alterns ist dessen subjektives Erleben und die eigene Einstellung dazu.

Hieraus ergibt sich, dass Alterungsprozesse spezifisch und vor allem **individuell** unterschiedlich ablaufen und die Entwicklung nicht unbedingt den Abbau und die Minderung der Leistungs- und Anpassungsfähigkeit an diese Lebensphase bedeuten muss.

Wir benötigen die Ergebnisse der Alterswissenschaft, um einerseits Instrumente für unsere immer mehr alternde Gesellschaft zu erproben und einzusetzen, denn die Zunahme der älteren Bevölkerungsgruppen stellt unsere Gesellschaft vor große Herausforderungen und vielfältige Aufgaben, wie die Zunahme der Lebensarbeitszeit, die Rentenfinanzierung, das Engagement der älteren Menschen in Ehrenämtern, Fragen der Wohnungswirtschaft, die Seniorenwirtschaft als Wirtschaftszweig u.v.m. Und andererseits Denkanstöße für jeden einzelnen Senior/in zu formulieren und zu gewinnen, die für die weitere individuelle Lebensplanung und das eigene Selbstmanagement des Rentenalters von enormer Bedeutung sind. Darüber hinaus ist es wichtig, nicht nur ein negatives Selbstbild der Senioren bei den jungen Leuten aufkommen zu lassen, sondern auch ein positives. Dies wäre auch ganz im Sinne von G.E. Lessing, einem deutschen Schriftsteller des 18. Jh., der schrieb: „**Welche Freude, wenn es heißt: Alter, du bist weiß an Haaren, blühend aber ist dein Geist**".

Die Menschen in Deutschland und insbesondere in Europa werden immer älter, mit dem Ergebnis, dass es immer mehr ältere und immer weniger junge Menschen gibt (Bevölkerungspyramide). Dieser Umstand wird heute das „**doppelte Altern**" genannt, da am schnellsten die Gruppe der über 80jährigen wächst.

Darauf versucht auch die Gerontologie Antworten zu finden und diese schlagen sich auch in den sogenannten **Altersberichten** (www.achter-altersbericht.de) nieder, die seit 1992 in jeder Legislaturperiode von jeder Regierung vorgelegt werden müssen. Dabei wird die aktuelle Lage der älteren Menschen in Deutschland im derzeit achten Altersbericht durch eine Fachkommission um Prof. Kruse von der Uni Heidelberg beschrieben und analysiert. Der aktuelle Altersbericht 2020 betrachtet die Chancen und Risiken der Digitalisierung für ältere Menschen, liefert Erkenntnisse und gibt Empfehlungen zu bedeutsamen Lebensbereichen und Handlungsfeldern im Alter, z.B. Wohnen, Selbständigkeit, soziales Miteinander u.v.m. Die Bundesregierung bezieht hierzu Stellung und/oder fasst konkrete Beschlüsse zu den verschiedensten Feldern der Alterswirtschaft. Denken Sie dabei daran: „**Träume gehen nie in Rente.**"

Von den Ergebnissen der Gerontologie können nicht nur die ältere Generation, sondern insbesondere auch Unternehmen profitieren, z.B. indem Sie ihre personalwirtschaftlichen Instrumente bei einem möglichen zukünftigen Rentenalter von 70 Jahren anpassen und erweitern (Personalentwicklung 60plus), neue Arbeitsformen diskutieren und auch ihr Produktportfolio (Warenangebot) an den Bedürfnissen der zunehmend älteren Generationen orientieren oder ausrichten.

Prof. Höffe plädiert in seinem Buch gerade heute für ein positiveres Selbstbild der älteren Generationen. Denn Altern heißt nicht: einsam, hilfsbedürftig und eine Gefahr für den Wohlfahrtsstaat. So hat das Institut für Demoskopie Allensbach u.a. festgestellt, dass die meisten Senioren zivilgesellschaftlich, sozial und für die Kultur mehr tun würden, wäre die Gesellschaft nur mehr an diesem Engagement interessiert mit höherer Wertschätzung der aktiven Senioren. Das Bild vom alten Eisen, das rostet, bedarf einer besonderen Korrektur.

Höffes praktische Ratschläge an Senioren für das Pro-Aging (gesundes Altern) heute finden wir in seinem Ansatz „**Vier L**", leben durch **Laufen, Lernen, Lieben und Lachen**, den wir im weiteren Verlauf unserer Betrachtungen noch mehrfach aufgreifen und zu Rate ziehen werden. Mit den genannten Vier L arbeiten Sie gegen die Altersschwäche und Sie verschaffen sich hierdurch nicht nur Wohlbefinden, sondern auch ein erhebliches körperliches, geistiges, soziales und emotionales Kapital. Wir müssen also Körper, Geist und Seele bei Laune halten. Denn zwischenzeitlich ist aus der Forschung bekannt, dass wir die dem Alterungsprozess entgegenwirkenden Kräfte zu einem großen Teil **bei Uns und in Uns** selbst finden. Was wir dazu natürlich brauchen sind auch **altersfreundliche Lebensräume,** dies ist ebenso eine Forderung der Gerontologie. Hierzu zählt auch die Diskussion um neue Wohnformen wie z.B. Wohngemeinschaften oder Mehrgenerationenhäuser, wobei hier die Macht des Gewohnten und des bekannten Umfeldes eine nicht unerhebliche Rolle im Vergleich zu anderen Wohn- und Lebensräumen spricht.

Wohnen ist eines der bedeutendsten Grundbedürfnisse von Senioren. Sie verbringen einen großen Anteil ihrer Lebenszeit in der eigenen Wohnung, daher haben Sie eine hohe emotionale Bindung zu dieser aufgebaut. Die eigene Wohnung/ Haus vermittelt für sie Sicherheit und Selbstbestimmung im Alter. Dies trifft auch für das direkte Wohnumfeld z.B. die

Nachbarn, die Straße, der Stadtteil, das Dorf, zu, in dem sie wohnen. Dies sind in besonderen Maße Orte des sozialen Austausches und der gesellschaftlichen Teilhabe für ältere Menschen. Daher fällt es oftmals schwer, sich von seiner alten Immobilie/Wohnung zu trennen, auch verbunden mit der Tatsache, dass jeder einzelne anders altert. Jeder von uns Senioren ist heute in vielerlei Hinsicht für sein eigenes Altern und für seine eigene Entwicklung im Alter verantwortlich, so Prof. Kruse von der Uni Heidelberg.

Unsere Gesundheit ist dabei das beste Beispiel für Möglichkeiten der eigenen Einflussnahme. Selbstgestaltend mit dem eigenen Altern umzugehen, so die Gerontologie, dazu ist es nie zu spät, sei es bezogen auf die körperliche, die seelische, die verstandesmäßige oder die soziale Gesundheit. Hier gilt es noch wesentliche Überzeugungsarbeit zu leisten und durch Erfahrungen zu überzeugen. Credo muss sein: Lassen Sie sich nicht durch die negativen Vorurteile und Bilder des Älterwerdens beeindrucken, genießen Sie dieses durch eigenes bewusstes Handeln und Gestalten. Denken Sie daran: **„Irgendwann kommt der Moment, in dem du entscheiden musst, ob du die Seite umblätterst oder das Buch schließt“.**

4. Erste Wandlungen und Einsichten – Selbstmanagement für den Ruhestand

Die Lebensphase „Ruhestand“ hat sich auch aufgrund historischer, kultureller, technologischer, medizinischer und politischer Einflüsse stark gewandelt. Wir werden immer älter, dabei wird die Gruppe der Älteren, die sich einer noch guten körperlichen Verfassung, Gesundheit und einem aktiven Lebensstil erfreuen, zunehmend größer.

Wir werden nicht nur deutlich älter als die Generationen vor uns, denn dabei funktioniert das älter werden ganz anders als noch vor 30 oder 40 Jahren. Immer noch spuken in unseren Köpfen Vorurteile und Bilder vom Altern und Alt sein herum, die heute keine Gültigkeit mehr haben.

Die Angst vor dem Altwerden schwebt wie ein Damoklesschwert allgegenwärtig über uns. Begriffe wie Einsamkeit, Krankheiten, Verlust des selbstbestimmten Lebens, Altersarmut, Dahinsiechen, u.v.m. hören sich nicht gerade ermutigend an, werden aber sehr häufig mit dem Altern verbunden. Auch die Dominanz negativer Altersbilder ist allerorts präsent. Allerdings gilt, dass die dem Alter entgegenwirkenden Kräfte bei uns selbst und in uns selbst zu finden sind. Dem Benediktinerpater Anselm Grün geht es hierbei um die Kunst, bewusst zu leben und das bedeutet auch neugierig sein auf das, was uns jeder Augenblick schenkt. Das heißt, wenn wir in jeder Lebensphase, insbesondere im Alter, im Augenblick leben, im Wissen um die Begrenztheit und Kostenbarkeit unserer Lebenszeit, dann finden wir Gelassenheit, Weisheit und Lebensfreude.

Der Ruhestand ist für viele Menschen ein erwarteter Zustand, der sich oft als problematische Zeit erweist. Von der Arbeitswelt getrennt, von Pflichten entbunden, nur noch damit beschäftigt, „übrig gebliebene Zeit hinter sich zu bringen“, dabei stellt sich oftmals das Gefühl ein, nutzlos geworden zu sein. Meist ist das Resultat Lebenserschöpfung. Und so formulierte dies Siegfried Lenz, ein deutscher Schriftsteller **„Die letzte Zeit erinnert an eine Existenz im Wartesaal“.**

Erst jetzt spüren wir, wie die Arbeit unser Leben bestimmt und dominiert hat. Dies hängt natürlich sehr stark auch von der Art der Tätigkeit ab, die wir beruflich wahrgenommen haben, sei es als Angestellter, Beamter, Handwerker, Wissenschaftler, Selbständiger, Manager, Hilfskraft usw. So waren nachfolgende Einflussfaktoren und Thesen, mal mehr, mal weniger, zutreffend, z.B.:

+ Unsere Berufstätigkeit hat dem Tag einen festgelegten Tagesablauf und Struktur vorgegeben, dabei unterteilt sich das Jahr in Arbeits- und Freizeitphasen;
+ Wir haben mehr Zeit am Arbeitsplatz verbracht und hatten weniger Zeit zur freien Verfügung auch für die Familie und Freunde;
+ Für Hobbies und die Verfolgung besonderer Interessen hatten wir kaum Zeit bzw. auch keine Zeit und wenig Muße;
+ Je nach Tätigkeit und Arbeitshektik waren wir abends oft zu erschöpft, um noch viel zu unternehmen und soziale Kontakte zu intensivieren;
+ Bestätigung, Anerkennung und unseren Lebenssinn erhielten wir vorher primär durch die Arbeit;
+ Wir haben mehr Zeit mit den Arbeitskollegen verbracht, als mit dem Partner, der Familie und Freunden;
+ Unseren Wohnort haben wir oft wegen des Arbeitsplatzes gewählt;

+ Eine für viele Senioren bedeutsame Rolle geht verloren, die Berufsrolle;
+ Meist haben wir gelesen, um uns beruflich weiter- oder fortzubilden, für andere Lektüre (Schöngeistiges oder Fachfremdes), außer evtl. die Tageszeitungen, stand einfach zu wenig Zeit und Muße zur Verfügung;
+ Viele Gesprächsthemen in der Familie und im Alltag kamen zu kurz oder beschränkten sich oftmals stark auf Ereignisse und Gegebenheiten am Arbeitsplatz;
+ Mitunter auch aus Karrieregründen und aus Gründen der Selbstverwirklichung entwickelten wir vollen Einsatz und Ehrgeiz am Arbeitsplatz und waren sehr wenig krank;
+ Erfolg am Arbeitsplatz, die Zusammenarbeit mit den Kollegen, die Anerkennung durch den Vorgesetzten und die Kunden bestimmten auch unsere Stimmung;

Wer aus dem aktiven Berufsleben heute normal ausscheidet, hat, statistisch gesehen, meist noch 20 Jahre als Ruheständler zur Verfügung, somit erwarten uns eine Menge neuer Aufgaben und Herausforderungen, Chancen und auch Risiken. Berufstätige, die über eine Vorruhestandsregelung oder eine Frühpensionierung ausscheiden, verfügen über ein noch längeres Ruhestandszeitpolster. Sehr viele Mitarbeiter und Mitarbeiterinnen, die zwischen dem 60. und 67. Lebensalter aus dem Arbeitsleben ausscheiden, fühlen sich aber meist noch lange nicht alt bzw. zum alten Eisen gehörend. Es ist noch gar nicht so lange her, da sprach die Literatur von der letzten Lebensphase, der Rentenphase, als die Phase der Vorbereitung auf den Tod.

Der Rückzug aus dem aktiven Berufsleben und das passive Genießen des meist oft zitierten „wohlverdienten Ruhestandes" oder der „wohlverdienten Pensions-/Rentenzeit" sind oftmals wenig gefragt. So verändert sich die Lebenssituation solcher Menschen drastisch durch das Ausscheiden aus dem Beruf oder auch dem Auszug der Kinder aus dem gemeinsamen elterlichen Haushalt, die plötzliche „Zweisamkeit der Partner" oder das Alleinsein als Single ganz erheblich. Daher sind Um- und Neuorientierungen aufgrund der veränderten Lebensbedingungen dringendst und vor allem rechtzeitig erforderlich. Wie sagte schon Arthur Schnitzler, ein österreichischer Dramatiker des 19. Jh.: **„Ein Abschied schmerzt immer, auch wenn man sich schon lange darauf freut".**

Und daraus ein Hinweis für **Unternehmen**. Seit der Festlegung des Rentenalters auf 67 und die derzeitige Diskussion um ein noch höheres Renteneintrittsalter, in der Diskussion sind auch 70 Jahre, wird die **Gerontologie,** die Altersforschung, wieder neu entdeckt. Gerade auch Unternehmen, die in Zukunft zwangsläufig wieder mehr ältere Mitarbeiter beschäftigen werden, sind gut beraten, sich mit Fragen der Altersforschung auseinanderzusetzen. Dabei wird auch eine gelungene Vorbereitung des Ruhestandes als Teil der Personalpolitik sicherlich die Attraktivität des Unternehmens für qualifizierte ältere Mitarbeiter erhöhen und die Unternehmensidentifikation des Mitarbeiters auch danach aufrechterhalten. Ferner ist dies Bestandteil des Generationenmanagements, der lebensphasenorientierten Personalentwicklung und der Unternehmensphilosophie. Die Schaffung einer „new life balance" als Fortsetzung der Arbeits- und Lebensphilosophie, der Work life Balance, ist von nicht unerheblichem Wert.

Ein Leben im Ruhestand ist nicht ausschließlich positiv zu sehen. Von vielen wird dieser Ruhestand herbeigesehnt, gleichzeitig aber auch von anderen gefürchtet. Der Gedanke an den Ruhestand fühlt sich daher zwiegespalten an. Einerseits die Freude darüber, morgens ausschlafen zu können, in kein zeitliches Korsett mehr eingebunden zu sein und die Tagesgestaltung selbst definieren und gestalten zu können, neue Freizeitaktivitäten zu entdecken, mehr Zeit für die Familie und Freunde zu haben, freie Urlaubsplanung ohne betriebliche Absprachen oder bewusster auf die Gesundheit zu achten. Dies ist mit Arbeit und Selbstdisziplin verbunden. Andererseits die fehlende Arbeit, der Chef, die Kollegen, die Anerkennung. Aber, in Italien gibt es einen besonderen Leitsatz: **„Verlasse das Fest, wenn es Dir am besten gefällt".**

So haben Senioren mit Rentenanspruch einen Vorteil, der gleichzeitig aber auch Nachteil sein kann, nämlich unser erhöhtes Zeitbudget, über das wir später noch intensiver reden müssen.

Denn: Was fängt man nun an mit der neuen freien Zeit? Wie kann diese Zeit sinnvoll ausgefüllt werden. Nicht zu vergessen: Wir reden hier durch den Wegfall der Arbeitszeit von zum Teil 8–10 Stunden täglich über Monate und Jahre hinweg. Zeit ist plötzlich kein Engpassfaktor und auch kein Stressfaktor mehr. Sehr viele verspüren einen großen Aktivitätsdrang, haben aber kein eigentliches Betätigungsfeld.

So wird um eine sinnvolle Ausgestaltung dieser Lebensphase mit hohem Zeitbudget oftmals gerungen. Wie oft hören wir von kurz vor der Verrentung oder Pensionierung stehenden Personen, dass sie dann jede Menge Zeit für ihren Garten und ihr Gewächshaus haben und ihre Pflanz- und Ernteerträge genießen und aufwachsen sehen oder in den letzten Jahren Bücher gesammelt haben, die es noch zu lesen gilt, so die Aussage eines Vorstandsmitgliedes eines mittelständischen Unternehmens. Gartenarbeit ist jahreszeitlich nur begrenzt durchführbar, was machen in den langen Wintermonaten? Wer über Jahre hinweg während seiner Berufstätigkeit kein Buch mehr gelesen hat, wird dies auch im Ruhestand nicht in größerem Stil praktizieren, da einerseits die Übung und auch die Konzentration zum Lesen umfassender Bücher verloren gegangen ist, andererseits die Muße für das Wort für Wort und dies Zeile um Zeile „Lesen müssen" mit gleichzeitigem ruhig Sitzen und Konzentrieren oftmals fehlt, so die Aussagen vieler Senioren zu dieser Thematik. Auch das sich stärkere Einbringen in den

Haushalt ist nicht immer von Erfolg gekrönt, denn gerade als Mann fallen sie hier von einem Tag zum anderen in eine seit vielen Jahren bestehende Organisation in Haus und Hof ein, in der die Führungsposition durch den Partner bereits besetzt ist und „Mitarbeitergespräche", wie wir es aus dem Unternehmen gewohnt sind, im Unternehmen „Haushalt" nicht mehr stattfinden.

Ferner das sich mehr um die Enkel kümmern, spielen, lernen, Ausflüge machen, erzieherisch mitwirken und betreuen, so die Aussagen vieler angehender Seniorinnen und Senioren, ist einfach gesagt und bedeutet Abweichen von bisherigem Tun und Handeln, von Gewohnheiten und ist viel Arbeit psychischer Art. Daher denken Sie auch daran: Etwa ab dem 12.–14. Lebensjahr der Enkel sind Oma und Opa nicht mehr so interessant und das Zusammensein mit Freunden wird meist höher präferiert.

So spielt beim Abschied vom Berufsleben vieles zusammen, neben unserer Persönlichkeit, die sozialen und materiellen Bedingungen und natürlich unsere Gesundheit und unser Umfeld. Wer sich aktiv und frühzeitig mit der nächsten Lebensphase auseinandersetzt, kommt damit besser zurecht. Machen Sie sich umfassend schlau und entwickeln Sie für sich ein **Selbstmanagementsystem** für den Ruhestand. Etwas zu managen heißt dabei, etwas zu leiten, zustande bringen oder zu organisieren. Bezogen auf den Begriff „Selbstmanagement" bedeutet dies, sich zu führen, sich selbst zu organisieren und anzupassen, um etwas zu meistern und Lebensqualität zu erreichen. Dazu bedarf es eines Orientierungsrahmens, eines Systems. Wie will sich jeder einzelne von uns Ruheständlern irgendwo hinführen, wenn wir nicht wissen, wohin es im weiteren Leben gehen soll. Daher beinhaltet **Selbstmanagement** auch, dass jeder von uns sich rechtzeitig Gedanken darübermacht, was er möchte und wie er es erreichen will. Selbstmanagement wollen wir dabei auffassen als konsequente und zielorientierte Anwendung von Gegebenheiten für den Ruhestand und dessen Vorbereitung, mit dem Ziel, sich selbst sowie die eigenen Lebensbereiche so zu führen und zu organisieren, dass auch die zur Verfügung stehende Zeit optimal genutzt werden kann. Zeitmanagement ist dabei ein Teil unseres Selbstmanagements für den Ruhestand. Halten wir es mit Friedrich Nietzsche, einem großen deutschen Philosophen, der sagte: **„Die einzige Arbeit, die sich auf Dauer wirklich lohnt, ist die Arbeit an sich selbst“.** Daher ist ein zentraler Punkt Ihres Selbstmanagementsystems die Selbststeuerung, die äußere und innere Steuerung Ihrer Aktivitäten und Ihres Verhaltens, nachfolgend insbesondere in den Kapiteln „Zeit für Veränderungen“ zusammengefasst. Selbstmanagement beinhaltet eine Vielzahl von Aspekten, die bei Ihnen zutreffen können oder auch nicht. Wichtig ist, dass Sie die hier diskutierten Punkte mit ihren eigenen, auf Sie zutreffenden Gegebenheiten und Fähigkeiten im Zusammenspiel zu einer angenehmen Lebenssituation in dieser neuen, zukünftigen Lebensphase führen.

Beherzigen wir an dieser Stelle einen sehr weißen Spruch des Schweitzerischen Schriftstellers John Knittel, der uns dies auf den Weg ins Alter mitgibt: **„Alt ist man dann, wenn man an der Vergangenheit mehr Freude als an der Zukunft hat“.**

5. Gesichter des Rentenalters – einige Beispiele zur Selbstfindung/-einordnung

In westlichen Industrienationen ist die Stellung eines berufstätigen Menschen innerhalb des gesellschaftlichen Umfeldes hauptsächlich durch seinen Beruf bestimmt und dies nicht nur innerhalb des Bereiches, in dem Sie aktiv sind, sondern auch im privaten Bereich.

Durch den Ruhestand entfallen die beruflichen Anforderungen und Herausforderungen sowie viele Alltagsprobleme, aber natürlich auch die beruflich bedingte zeitliche und inhaltliche Strukturierung des Tagesablaufes. Mehr Zeit steht zur Verfügung heißt, es gilt neue Ziele zu setzen und eine neue bzw. veränderte Rhythmisierung des Tagesablaufes und der Tätigkeiten bzw. Herausforderungen zu finden. Sie können und müssen jetzt selbst entscheiden, wie die neue und vor Ihnen liegende Lebensphase gestaltet werden soll. Hier liegen nicht nur Probleme und Schwierigkeiten, sondern insbesondere auch Chancen, über den Faktor Zeit und die sie ausfüllenden Inhalte selbst, ohne Rücksichtnahme auf berufliche Vorgaben, zu bestimmen.

Die Phase des Rentenalters hat **viele Gesichter und Facetten**. Untersuchungen zeigen, dass die Lebensstile, Lebensgrundeinstellungen und Lebenshaltung in dieser Alterskategorie sehr unterschiedlich sein können. Sie finden sehr häufig ihren Ausdruck in den verschiedensten **Ruhestandstypen,** in denen

Verhaltensmerkmale und Einstellungen beschrieben werden. Einige Typisierungen wollen wir uns kurz anschauen und prüfen, ob Sie sich dem einen oder anderen oder mehreren Renntertypen zuordnen können.

Die Empfindungen zum Ruhestand lassen sich dabei in einem ersten Beispiel **in 5 Ruhestandstypen** charakterisieren:

Die Passiven:
Sie sagen sich, kommt Zeit, kommt Rat. Sie möchten den verdienten Ruhestand genießen, viel reisen, gut essen, lesen, Garten pflegen etc. Diese Ruheständler leben passiv, auch zurückgezogen und ohne Ziele und ohne Konzept. Sie lassen die Zeit auf sich zukommen.

Die Weitermacher:
Sie üben Ihren Beruf so lange wie möglich aus, so lange es gesundheitlich geht. Dies sind häufig Freiberufler wie Ärzte und Rechtsanwälte, Professoren und Lehrer. Waren sie als kaufmännische Angestellte tätig, arbeiten sie sehr häufig als selbständige Unternehmensberater oder aber noch in einer stundenweisen Beratungstätigkeit in ihrem Unternehmen weiter. Der bisher ausgeübte Beruf mit den umfangreichen Fach-, Führungs- und persönlichen Kompetenzen stellen ihre Identität dar, sie haben vorerst kein Interesse an Neuem.

Die Anknüpfer:
Diese Gruppe möchte gerne halbtags, stundenweise oder gelegentlich ihre im Beruf erworbenen Kenntnisse und Fähigkeiten zur Verfügung stellen, z.B. in sozialen Organisationen als ehrenamtliche Tätigkeit. Sie haben weniger Interesse an Bezahlung (evtl. Spesen, Aufwandsentschädigung). Sie möchten der Gesellschaft, von der sie viel erhalten haben wie Ausbildung, Studium, Chancen, Wissen in gewissem Umfang zurückgeben.

Die Nachholer:
Diese wollten eigentlich beruflich etwas ganz Anderes werden. Ihr Berufswunsch ging nicht einher mit dem was sie gelernt oder gemacht haben. Die Nachholer schreiben sich sehr häufig in Seniorenstudiengänge ein, belegen viele Kurse an der Volkshochschule oder an Weiterbildungsinstitutionen. Sie wollen jetzt die Reisen machen, zu denen sie vorher nie gekommen waren, sei es aus beruflichen Gründen oder der Familie wegen.
Die Befreiten:
Diese Gruppe ist der Meinung, lange genug fremdbestimmt gewesen zu sein. Sie sehen in diesem neuen Lebensabschnitt die Chance, einen neuen Lebensstil auszuprobieren, neue Bekanntschaften zu knüpfen, neue Verantwortungen zu übernehmen (z.B. Ehrenamt). Sie übernehmen gerne etwas Neues, aber hauptsächlich um sich selbst zu finden und sich zu verwirklichen. Die Befreiten möchten sich selbstbestimmt an eine andere Sache wagen, was mit viel Mut und Eigeninitiative verbunden ist.

Werden Sie sich jetzt darüber im Klaren, zu welcher Kategorie Sie in diesem Ansatz zählen, wobei es hier auch Mischformen gibt bzw. Überschneidungen in der Typisierung?

Vielleicht finden Sie sich aber auch in dieser Kategorisierung von **Infratest** wieder? Hier werden folgende Typen unterschieden:

Die Pflichtbewusst-Häuslichen:
Sie haben es im Leben zu bescheidenem Wohlstand gebracht und möchten dies nach der Berufs- und Familienphase bewahren. Für sie sind die Wohnung, das eigene Häuschen, der Garten, diverse Hobbies, aber vor allem die Familie und die Enkel wichtige Lebensinhalte.

Die Sicherheits- und Gemeinschaftsorientierten:
Diese Gruppe hat sich vorgenommen, all das zu genießen, was sie sich während ihres Berufslebens hart erarbeitet haben. Sie erfüllen sich jetzt Wünsche, für die vorher keine Zeit bestand. Dabei haben gesellige Freizeitangebote einen hohen Stellenwert. Viele Ruheständler erleben aber auch Verunsicherung, sie haben Angst vor körperlich-psychischen Einschränkungen, vor sozialer Isolation und materiellen Einbußen, die sie mit dem Altern gedanklich verbinden.
Die Passiven und Resignierten:
Diese Gruppe ist in einer sozial und materiell benachteiligten Lebenssituation, verbunden mit pessimistischer Lebenseinstellung durch Gefühle der Ohnmacht, Resignation oder Enttäuschung. Sie haben ihre Ansprüche zurückgeschraubt und finden sich mit ihrer Situation gezwungenermaßen ab. Viele fühlen sich um ihr Leben betrogen und zeichnen eine negative Lebensbilanz.
Die aktiven, neuen Alten:
Diese Ruheständler fühlen sich alles andere als alt und möchten auch nicht als „Alte“ bezeichnet werden. Sie wollen die neu gewonnenen Chancen und Freiheiten einer nachberuflichen und nachfamiliären Lebensphase aktiv nutzen. Selbstverwirklichung, Kreativität, Aufgeschlossenheit für Neues, der Wunsch nach persönlichem Wachsen und sich Weiterentwickeln sind Charaktermerkmale für deren Lebensgrundeinstellung. Sie nutzen überdurchschnittlich häufig Bildungsangebote (Seniorenstudium, Sprachen, Kunst) und holen nicht selten auch noch Bildungsabschlüsse nach.

Interessant ist, zu erfahren, wie die deutsche Bevölkerung **ins Alter blickt**. Dazu hat das **Meinungsforschungsinstitut Sinus** in einer groß angelegten Studie fünf Rentnertypen von morgen, durch die Befragung von 40–55Jährigen, ausgemacht und hinsichtlich der Zeit nach dem Arbeitsleben befragt (Sinusstudie). Untersucht wurden dabei die drei Bereiche Gesundheit, Finanzen und soziale Kontakte. Die fünf Rentnertypen unterscheiden sich vor allem darin, wie die Befragten auf das Alter blicken, ob optimistisch oder pessimistisch, und wie aktiv sie ihren Ruhestand bereits planen. Auch soziokulturelle Faktoren, wie z.B. die Bedeutung der Familie spielen eine nicht unwesentliche Rolle.

Für den **Altersstrategen** ist der Ruhestand nichts Beängstigendes. Er freut sich auf seinen letzten Arbeitstag, um ab sofort Versäumtes nachzuholen und Anderes anzugehen. Geldsorgen hat er keine, er verfügt über ein überdurchschnittliches Einkommen und sorgt auch für das Alter vor. So zeigt die Untersuchung, dass ca. 12% der Bevölkerung diesem Typ entsprechen.
Der **Abenteurer** pflegt einen aktiven Lebensstil, den er auch im Alter nicht aufgeben möchte. Dies ist allerdings mitunter das Einzige, was er mit Blick auf die Zukunft anstrebt. Ansonsten macht er wenige Pläne für die Gestaltung der Zukunft und den Ruhestand. Er ist ansonsten überdurchschnittlich optimistisch und auch von seinem körperlichen Zustand überzeugt. Diese Einstellung vertreten etwa 28% der Befragten.
Der **Engagierte** ist ein ganz normaler Typ. Die Einschätzung seiner finanziellen, sozialen und gesundheitlichen Situation entspricht in etwa dem Durchschnitt der Bevölkerung. Interessant bei diesem Typus ist die Wertschätzung für die Familie, die ihm Sicherheit und festen Bestandteil sowohl jetzt als auch in der Zukunft gibt. Der Engagierte bereitet sich auf das Altern vor, auch mit der Angst, dass die Vorsorge dafür nicht ausreicht. So zählen etwa 17% der Befragten zu diesem Alterstyp.
Für den **Besorgten** ist das Leben ein ständiger Kampf. Sowohl körperlich als auch finanziell geht es ihm heute schon nicht so gut, daher blickt er sehr pessimistisch in die Zukunft.

Obwohl er weiß, dass er mehr tun müsste, fehlen ihm sowohl die Mittel als auch das Zutrauen, seine Situation zu verändern. Es handelt sich dabei um einfache Leute mit geringem Bildungsstand, die vom Ruhestand wenig erwarten. Ca. 25% der Bevölkerung passen zu diesem Rentnertyp.
Für den **Relaxten** ist die Zukunft noch nicht so wichtig, er lebt im Jetzt und verschwendet wenig Zeit und Gedanken an seinen Ruhestand und die Zeit in dieser Phase. Durch diese Unbekümmertheit hat er auch nicht allzu viele Sorgen. Er versucht das Beste aus dem zu machen, was auf ihn zukommt. So denken etwa 18% der Bevölkerung.

Eine Studie des **Deutschen Instituts für Altersvorsorge (DIA)** untersuchte Verhaltensformen und finanzielle Dispositionen im Rentenalter aus psychologischer Sicht. Dabei geht es um den Umgang mit dem Ersparten, der Altersvorsorge, im Rentenalter. Interessant ist hierbei, dass sich die Befragten dabei mit Händen und Füssen dagegen wehren, ihr erspartes Vermögen im letzten Lebensabschnitt wieder auszugeben. Die Devise „Bewahren statt entsparen" war feststellbar, ein „Verzehr" von Altersvorsorgevermögen findet kaum statt. So wurden im Zusammenhang mit Handlungs- und Verhaltensweisen beim Umgang mit dem Altersvorsorgevermögen 6 verschiedene Typen von „Best Agern" definiert.

Die **Planwirtschafter** zeigen ihr Vermögen/Erspartes selten, sie schieben dies gerne auf die lange Bank und wählen bei ihrer Bank häufig Geldanlagen mit einer langen Laufzeit. Damit müssen sie sich nicht mehr mit diesem Thema beschäftigen. Die Planwirtschafter rühren ihr Erspartes nicht an, denn es könnte ja dann gänzlich verschwinden und das weckt Ängste und schürt Sorgen. Dieser Alterstyp hat seine besondere Stärke im Aussitzen und Abwarten. Obwohl sie weit vorausdenken,

treffen sie nur wenige Entscheidungen, die strukturelle Veränderungen in ihrem Vermögen bewirken könnten.
Die **Vertager** verschanzen sich hinter Sicherheiten. Das Vermögen wird nur von Tagesgeldkonto zu Tagesgeldkonto verschoben. Damit soll gewährleistet werden, dass sich möglichst wenig verändert. Neben dem Sicherheitsaspekt steckt hier oft die Angst vor Bedrohung und Verlusten. Vertager scheuen Risiken und fühlen sich fürs Alter schlecht abgesichert. In ihrem Rentenleben stehen kaum größere Ausgaben an. Interessant ist, dass der Frauenanteil in dieser Gruppe sehr hoch ist.
Die **Blender** führen im Vergleich zu den anderen Alterstypen ein sehr aufwendiges Leben bzw. zeigen und kommunizieren ihre finanzielle Situation nach Außen und führen diese ständig vor. Sie wollen ein möglichst sorgenfreies Leben führen und ihre Lebendigkeit auch im Alter bewahren. Sie besitzen teilweise Immobilien, ein eigenes Haus oder eine Eigentumswohnung. Lassen sich in finanziellen Dingen beraten und arbeiten auch zur Finanzierung ihres Lebensstiles noch im Alter weiter, beratend oder in einem Teilzeitjob. Sie sind sehr extrovertiert und zeigen ständig, dass sie der „Hecht im Teich“ sind.
Die **Options-Optimisten** haben ihr Vermögen auf verschiedene Säulen/Anlagevarianten aufgeteilt und somit unterschiedliche Handlungsmöglichkeiten im Alter. Sie strahlen hohen Optimismus aus und betreiben Finanzmanagement, indem sie ihr Vermögen zwischen den verschiedenen Anlagevarianten hin und her bewegen. Finanzbestreben ist allerdings, das Vermögen zu bewahren, trotzdem legen sie ihr Geld auch in Aktien an. Zu dieser Rentnerkategorie zählen überwiegen Männer, die größtenteils wohlhabend sind. Die meisten fühlen sich für das Alter ausreichend abgesichert.
Die **Renovierer** besitzen am häufigsten eine Immobilie. Sie investieren viel Geld und auch körperliche Leistung in den Erhalt ihres Hauses/Eigentumswohnung. Dadurch wird der Zugang zum Sparvermögen weitgehend „verbaut“. Es ist wenig Barver-

mögen da, da sich ein großer Teil im illiquiden Vermögen (Immobilien) befindet. Auch bei diesem Rentnertyp ist der Anteil der Männer sehr hoch, Investitionsentscheidungen werden aber gemeinsam getroffen.
Die **Neustarter** finden neue Werte in neuen Beziehungen, neuen sozialen Kontakten oder ehrenamtlichen Aktivitäten. Sie engagieren sich mehr sozial und weniger finanziell. Unter den Neustartern befindet sich ein hoher Frauenanteil, wobei sich nur ein geringer Teil finanziell gut abgesichert fühlt. Bei Vermögensentscheidungen werden auch besonders Freunde und Bekannte als Informationsgeber genutzt. Im Vergleich zu manch anderem Rentnertyp machen die Neustarter am häufigsten größere Anschaffungen beziehungsweise tätigen Ausgaben.

Und finden Sie sich in irgendeinem Rentnertypus wieder, oder treffen mehrere Merkmalsausprägungen auf Sie zu? Vielleicht haben Sie aber im einen oder anderen Typus einen Freund oder Bekannten erkennen können.

Und sollte dies nicht reichen, zwischenzeitlich gibt es im Internet Adressen, dort können Sie sogar online Ihren Rentnertypus für sich bestimmen, dabei verrät Ihnen, so die Angebote, ein sogenannter Rentnertypomat nach wenigen Fragen, wie Sie im Alter sein werden (z.B. bei www.ergo-impulse.de/altersvorsorge-rente.de), so die Ankündigungen für diesen Test.

Denken Sie bei all dem bisher gesagten auch daran, was der Schriftsteller Alexander Mitscherlich sagte: **„Man möchte leben ohne zu altern und man altert in Wirklichkeit, ohne zu leben."**

6. Gesellschaftliche und individuelle Altersbilder von Rentnern

Mit älteren Menschen, den Rentnern, wird im Alltag, in den Medien sowie teilweise in der Literatur und in der Praxis des Lebens nicht immer vornehm umgegangen. Altersbilder bezeichnen in der Gerontologie die Vorstellungen von der Rolle, den Eigenschaften und Einstellungen sowie dem Wert zum Alter und zu älteren Menschen in der Gesellschaft. Altersbilder umfassen einerseits gesellschaftliche, andererseits individuelle Sichtweisen auf die Lebensphase Alter und auf den Prozess des Älterwerdens. Dabei überwiegen auch heute mehr negative Altersbilder, während positive Bilder weit weniger verbreitet sind. Wir hörten ja bereits, dass diese Altersbilder und die Einschätzung des Alters schon seit der Antike von einer Geringschätzung bis hin zur Hochachtung reichen können.

So werden in den Medien und im Alltag auch synonyme Begriffe für die Ruheständler und Rentner diskutiert. Die Älteren, im vorgerückten Lebensabschnitt angekommen, mögen es aber gar nicht, wenn man sie, „die Alten", mit bestimmten Synonymen tituliert. Hier ist die negative Seite des Alterns, behaftet mit Vorurteilen. Dies tun wir vielleicht scherzhaft untereinander in der gleichen Altersklasse, doch von denen, die viele Jahre jünger sind so genannt zu werden, nehmen wir es meist übel und es klingt häufig etwas respektlos und verächtlich. Diese Despektierlichkeit zeigt sich auch sehr deutlich an dem Liedtext, den der WDR-Kinderchor über die Omas Ende 2019 sang „**Meine Oma ist ne alte Umweltsau**". Die Kritik der „Älteren“ richtet sich dabei nicht an die Kinder, sondern an das Verhalten der Verantwortlichen einer öffentlich-rechtlichen Fernsehanstalt, die maßgeblich auch von unseren Gebühren lebt. Gerade in den Medien werden ältere Menschen kaum dargestellt und wenn, dann oft verzerrt (z.B. übertrieben fit, hyperaktiv) oder als Witzfigur, z.B. der demenzkranke lustige Opa.

Die demographische Entwicklung wird immer rasanter, der Wandel offensichtlicher, und wir hängen oftmals noch an alten Klischees und veränderten Wertevorstellungen. Und dies, obwohl sich unsere Lebensleistungen der letzten 50 Jahre für unser Land sehen lassen können.

An vielen Stellen werden wir Rentner mit den unterschiedlichsten Synonymen oder Titeln versehen. Monika Kühn-Görg zitiert dies so: **„Lieber einen alten Knacker, als einen beknackten Alten“.**

Gängig hinsichtlich der Titulage von älteren Menschen ist dabei häufig die Bezeichnung „Senioren“ oder anglizistisch gesehen „Seniors“, wobei diese Ansprache sehr heterogen diskutiert wird. Wo beginnt diese Altersgruppe? Sind nicht auch 50jährige schon Senioren oder insbesondere für die Jugend bereits die Oldies. Aber diese Altersgruppe ist mit dieser Zuordnung bestimmt nicht einverstanden. Akzeptiert werden diese Bezeichnungen normalerweise nur von Menschen, die 65 plus sind und in den Ruhestand starten, besetzt mit so positiven Assoziationen wie Erfahrung, Gelassenheit, überlegt oder reif und aktiv. **Alle wollen älter werden, die wenigsten wollen aber alt sein.**

Auch mit der Bezeichnung „Rentner“ oder „Pensionär“ (verbeamtete „Rentner“) können sich viele nicht unbedingt anfreunden und identifizieren, denn dies riecht doch etwas antiquiert,nach Mottenkugeln, nach Schrebergarten oder auch Couch Potatoes, nach Endzeitstimmung. Beide, so lesen wir sehr häufig, haben ihr Leben schon so gut wie hinter sich, sind auf der **Zielgeraden des Lebens**.

Ferner sind weitere anglizistische Bezeichnungen wie Best Ager bzw. Silver Ager oder gar Silver Surfer immer wieder an der Tagesordnung, wobei eine deutsch-klingende Bezeichnung im Volksmund besser ankommt. Einschlägige Studien zu dieser Thematik sagen, dass sich nur wenige mit Anglizismen wie auch Classicals, Knowies oder, wie bereits genannt, Oldies, identifizieren können.

Ähnlich ist es mit der Bezeichnung „Unruheständler", dies klingt so nach alternde Revoluzzer, die durchaus auch beruflich noch mal Gas geben, auf Partnersuche sind oder die viel Reisen, Rockmusik hören und Woodstock-Zeiten mit Jimi Hendrix an sich vorüberziehen lassen. Auch mit dem so blumigen und sinnfreien Begriff wie „Herbstzeitlose" können wir Ältere nicht sonderlich viel anfangen und das Wort „Greis" als Bezeichnung für uns Alte ist heute fast Tabu.

Die „alten Knacker", wie wir des Öfteren despektierlich genannt werden, ist zwischenzeitlich sogar der Name einer erfolgreichen mehrteiligen französischen Comicserie vom Autor Wilfrid Lupano, der allerdings daraus keine Witzfiguren ableitet, sondern vom Leben geformte Menschen beschreibt. Die preisgekrönte Serie „Die alten Knacker" setzt auf Unterhaltung mit greisen Hauptdarstellern, wobei er es noch gut mit uns meint, indem er hinsichtlich des Alters aufführt, dass heute 70 Jahre die neuen 60er sind und altes Eisen oft sehr rostfrei ist. Halten wir es an dieser Stelle mit dem griechischen Philosophen Platon, der sagte: **„Der Blick des Verstandes fängt an scharf zu werden, wenn der Blick der Augen an Schärfe verliert"**.

Die Bezeichnung „Junggebliebene" (Youthful Adults und Senior Citicens) klingt etwas nach Verzweiflung, ferner ist der Begriff schon sehr abgegriffen. Häufig lesen wir diese Bezeichnung in Kontaktanzeigen, was schon den Beigeschmack von Selbstdiskriminierung hat. Damit stigmatisieren wir uns selbst und füttern die Diskussion um Jugendwahn und Altersfeindlichkeit in unserer Gesellschaft.

Staat und Wirtschaft sind stets bemüht um wohlklingende Bezeichnungen. Dabei überstürzen sich auch ihre Antidiskriminierungsrichtlinien mit Empfehlungen, wie man uns „Ältere" politisch korrekt bezeichnen sollte. In Deutschland werden die europäischen Antidiskriminierungsrichtlinien im Allgemeinen Gleichbehandlungsgesetz (AGG) umgesetzt und dabei heißt es auch, dass niemand aufgrund seines Alters benachteiligt werden kann. Auf der anderen Seite steht die Realität: Politische Kampfbegriffe wie „Krieg der Generationen", „Überalterung" und „Pflegelawine" zeigen doch sehr deutlich, welche Last und Bedrohung diese negativen Schreckenszenarien des Alterns unsere Gesellschaft zeichnen

Gerade aus der Politik legt der Begriff „Überalterung" indirekt schon nahe, dass es komisch ist, alt zu werden. Dieses Phänomen der Überalterung tritt seit den 60er Jahren in den Industrieländern auf, bedingt durch eine Erhöhung der Lebenserwartung bei gleichzeitigem Geburtenrückgang. Die jüngeren Generationen fürchten uns, denn wir sind das Demographieproblem, das die Gesellschaft belastet, da unsere Altersgruppe ein unnatürliches Wachstum aufweist und somit, oftmals die Meinung, den jungen Menschen die Zukunft verbaut und einen Schuldenberg hinterlässt.

Altersdiskriminierung wird anders als bei der Diskriminierung von z.B. Behinderten oder Frauen und ausländischen Mitbürgern in der Öffentlichkeit kaum wahrgenommen. Dabei findet diese auch in vielen alltäglichen Situationen statt, z.B. bei der Wohnungssuche, bei Banken und Versicherungen oder mieten Sie im Alter mal einen PKW an.

Natürlich erwarten wir nicht, dass uns ständig geschmeichelt wird. Wir sind die „Alten" und wir stehen auch dazu. Doch wir haben, wie andere Gruppierungen unserer Gesellschaft, ein Anrecht auf Respekt und keine Diskriminierung. Wir selbst sollten uns auf unsere Stärken besinnen, und uns darüber im Klaren werden, wer wir sind, womit wir uns identifizieren und welche Namen/Bezeichnungen/Synonyme wir uns geben wollen und lassen. Denn schließlich sind wir wer, wir sind u.a. auch zahlungsfreudige Konsumenten, williges Fußvolk bei Wahlen und zahlreich im Einsatz ehrenamtlicher Tätigkeiten und sozialer Projekte, die der Gesellschaft zugutekommen sowie in der Eltern- und Enkelkinderbetreuung. Auf der anderen Seite der Medaille des Alterns kommen natürlich auch Bilder hochaltriger, oft pflegebedürftiger und dementer Menschen zum Vorschein. Der Umgang mit älteren Menschen ist von Kultur zu Kultur unterschiedlich und hängt ganz stark mit den Leitbildern der Gesellschaften zusammen.

Neben einigen dieser gesellschaftlichen Sichtweisen auf die Lebensphase Alter unterscheiden wir noch individuelle externe Sichtweisen in Sachen Altersbilder. Eine Analyse weiterer Bezeichnungen für Senioren im Rahmen einer Internet- und Literaturrecherche bringt vielfältige Titel an den Tag, die meist sehr despektierlich und verletzend für uns Betroffene klingen, z.B.:

Dinos	Graue Kappen	Kompostis
Kukidentler	Runzelköpfe	Grufties
UHU's	Langlebige	Verwesungsanwärter
Kistenspringer	Mumien	Rollatorfahrer
Museumsstücke	Altersfeinde	Runzelkasper
Rollatorrocker	Friedhofsblonde	Grabsteinliga
Hochbetagte	Schlachtrosse	Protesengeschwader
Heizdeckenkaravane	Friedhofsgemüse	Graukappen
Krampfadergeschwader	Friedhofsblume	Friedhofsverweigerer
Silberrücken	Gerontos	Winkefleisch
Herbstzeitlose	Humanreserve	D-Mark-Nostalgiker
Abstellgreis	Grabverweigerer	Modderkopf
Greis	Alte Dampfbarkassen	Silberfüchse
Babyboomer	Methusalem	Alte Säcke

Da klingt „Senioren“ mehr als passend und angemessen. Dieser Begriff bezeichnet die erwachsenen und reifen Mitglieder einer Gemeinschaft, reich an Erfahrung und Lebensweisheit. Es liegt an jedem einzelnen und an uns selbst, welche Bedeutung wir einer Bezeichnung verleihen und dies auch für die Zukunft. Wie sagte schon der deutsche Schriftsteller Stephan Sarek: **„Alte Menschen sind wie Bücher. Die Dummen stellen sie ins Regal, die Schlauen lesen in ihnen“.**

7. Single in der Rentenphase

Immer mehr Ehen werden geschieden (Scheidungsquote mehr als 30%), dabei auch langjährige Partnerschaften und auch Ehen, die im vorgerückten Lebensalter geschlossen wurden, auch **Alters-Ehen** genannt. Interessant ist dabei, dass immer mehr Menschen nach solchen Erfahrungen alleine bleiben, und dies bis zum Lebensende, so Prof. Kruse von der Uni Heidelberg. Alleine bzw. Single zu sein heißt jetzt nicht, dass diese einsam sind und ein niedrigeres Wohlbefinden und weniger Lebenslust ausstrahlen. Während die Wissenschaft noch diskutiert, ob wir es dabei mit der **„Speerspitze der Individualisierung"** oder mit **„defizitären Sozialfiguren"** zu tun haben, hat die Lebensform Single in unserer Gesellschaft zwischenzeitlich weithin Akzeptanz gefunden. Das Single-Leben kann auch schön sein, denn Zeit für sich selbst zu haben, ungebunden zu sein und das Leben selbst gestalten zu können, ohne beeinflusst zu werden, ist für sich gesehen kostbar.

Wenn wir heute von Single sprechen, bezeichnet dies eine Lebensweise. Der weiteste Begriff dabei ist, es handelt sich um Leute, die alleine wohnen. Derzeit leben in Deutschland insgesamt knapp 17 Mio. Singles, so Deutschlands Single-Studie, also Personen die ledig sind und alleine leben. Eine in diesem Zusammenhang bedeutende gesellschaftliche Gruppe sind ältere alleinlebende Singles, die keine eigene Familie gegründet haben und daher im Alter nicht auf Unterstützungsleistungen der Kinder zurückgreifen können. Empirische Untersuchungen zeigen gerade hier, dass bei älteren Singles die Angst, von anderen Menschen abhängig zu sein bzw. fremdbestimmt zu werden, besonders groß ist.

Die meisten Singles im Alter zwischen 50 und 75 haben Beziehungserfahrungen. Singles besitzen ähnlich große soziale Netzwerke und Sozialkontakte wie Personen in einer Partnerschaft, so die Ergebnisse von Forschungsstudien. Im Kontakt mit anderen zeigen sich dabei häufig klare Rollen- bzw. Aufgabenverteilung/-zuordnung. So gibt es neben einem möglichen „Intensivsozialpartner/in" auch singuläre Sozialpartner zum Wandern, zum Schach spielen, ins Kino, ins Theater oder gar in den Urlaub oder aber Freunde für den vertrauensvollen Austausch von individuellen Informationen, von Nöten und Besorgnissen, von freudigen Ereignissen u.v.m. Viele Singles haben Kinder aus Beziehungen, zu denen sie regelmäßigen bzw. unregelmäßigen Kontakt pflegen oder zu Geschwistern. So schaffen es viele ältere Singles ein anregendes und beziehungsreiches soziales Netz zu unterhalten und wichtig ist, dies auszubauen. Allerdings sind solche sozialen Netze auch etwas brüchiger, als die von Menschen, die in einer Beziehung leben. Für Singles ist es oftmals schwer in soziale Gruppen einzutauchen, in denen nur Paare aktiv sind. Insgesamt müssen Sie als Singles mehr investieren, mehr Aufgeschlossenheit und Engagement zeigen, damit diese Kontakte auch dauerhaft bestehen bleiben und sie nicht vereinsamen, denn irgendwann kann es auch passieren, dass Sie zu den Menschen gehören, die einfach vergessen wurden. Interessant ist in diesem Zusammenhang, dass viele Singles zur Kontaktsuche auch Cluburlaube in Hotels machen, denn dort werden oftmals, z.B. während der Essenszeiten, Tische für Singles angeboten, um neue Kontakte zu knüpfen und wenigstens im Urlaub persönliche Ansprache zu erhalten sowie Kommunikation untereinander zu fördern nach dem Motto **„lieber gemeinsam statt einsam"**. Gerade im Urlaub ist es leichter in entspannter Atmosphäre Anschluss zu finden. Hierzu gibt es im Internet zahlreiche Hotelangebote im

In- und Ausland, die derartige Erholungsurlaube für Singles offerieren.

Jeder Mensch braucht zwar einen Ort zum Ausruhen, zum Erholen, um sich Wiederfinden, viel stärker aber auch den Kontakt zur Familie, zu Freunden und guten Bekannten. **Letzten Endes ist der Mensch nur das, was er für andere Menschen bedeutet.**

Daher ist der Übergang in die Rentenphase auch für viele Singles ein schwerer Einschnitt, gerade diese vermissen oft ihr gewohntes betriebliches Umfeld besonders, denn die sozialen betrieblichen Kontakte scheinen bei diesem Adressatenkreis intensiver zu sein. Dass im Ruhestand gleichzeitig auch eine Chance liegt, klingt jetzt etwas banal, aber trotzdem liegt Wahrheit in dieser Aussage. Daher ist die neue Zeit im Ruhestand auch für Singles mit vielen Fragen verbunden, wie Fragen der Vereinsamung, fehlende familiäre Unterstützung, tiefgehende Freundschaften, Bewältigung von Haushaltsaufgaben, die Altersvorsorge, der Verbleib im Alter, der mögliche spätere unausweichliche Schritt in ein Pflegeheim bzw. eine Seniorenresidenz, in eine Wohngemeinschaft etc. Singles leben wie andere gesellschaftliche Gruppierungen am liebsten lange in ihrer Wohnung/Haus. Denn das Wohnen in einer Senioren-Wohngemeinschaft oder mit Freunden zusammen ist nicht immer einfach, so Aussagen einiger Wohngemeinschaftsmitglieder, da wir oftmals die Verhaltensweisen der Wohnungspartner noch nicht so kennen und wir Menschen einfach unterschiedlich altern, sowohl geistig als auch körperlich.

Da zunehmend älter werdende Singles (Ledige, Geschiedene bzw. getrennt Lebende) den Trend zur Singularisierung des Alters mitbestimmen, hier insbesondere Männer, ging Prof. Spitzer von der Uni Ulm der Frage nach, warum ältere Menschen Singles sind, dabei zeigen sich Gründe wie Schüchternheit, weniger soziale Kontakte, hohe Ansprüche an einen neuen Partner, Unabhängigkeit und Wohlfühlen in dieser Situation.

Auch wenn nicht alle Singles einfach nur mit alleinlebenden Menschen gleichzusetzen sind, denn sie können ja durchaus auch einen Partner/in mit eigener Wohnung haben, leben doch im fortgeschrittenen Seniorenalter mehr Frauen als Männer alleine und dies auch aufgrund ihrer längeren Lebenserwartung. So zeigen verschiedene empirische Untersuchungen, dass Frauen mit dieser Lebenssituation besser zurechtkommen, denn diese sind einfach kommunikativer, in den verschiedensten Vereinen und Institutionen seit Jahren eingebunden, vielseitiger und offener. Alleinstehende Männer sind hingegen schneller wieder darauf aus, eine neue Partnerschaft einzugehen und dies auch auf internationalem Parkett. Die Seniorenbörsen im Internet bieten hier ein breites Spektrum, das wir aber hier nicht vertiefen wollen.

Tiere sind die besten Freunde des Menschen – so heißt es. Für die einen treue und liebgewonnene Weggefährten, für die Anderen unverzichtbarer Teil der Familie, oftmals sogar eine Art „Kinderersatz". Tiere spielen eine sehr große Rolle im Leben vieler Menschen, auch im Leben vieler Singles, so empirische Untersuchungen. Gerade für Alleinstehende oder Alleinlebende sind Haustiere wie die Katze und der Hund eine wichtige emotionale Stütze sowie eine Möglichkeit, sich zu beschäftigen und einen „Ansprechpartner" zu haben. Weniger interessant sind dabei Haustiere wie Nager, Fische, Reptilien und Spinnen. Sie können zwar zu einer gewissen Lebensfreude beitragen, eignen sich aber weniger zum Schmusen und Anfassen.

Haustiere können also durchaus eine sinnvolle Aufgabe sein, die sich der Gesellschaft wegen lohnt. So sind gerade Hunde eine Art „Beziehungshilfe" und „sozialer Kontaktgeber", da diese viel Bewegung an der frischen Luft brauchen und mehrmals am Tag betreut draußen sind, und so kommen Sie mit sehr vielen anderen Hundeliebhabern leichter und automatisch in Kontakt. Dabei kann durchaus aus einer Zufallsbekanntschaft im Park oder im Wald mehr werden, als ein gemeinsames Gassi-Gehen und ein Gedankenaustausch. Regelmäßige Bewegung und frische Luft sind gut für das seelische Wohlbefinden und haben auch positive Auswirkungen auf die Gesundheit. Ferner sorgen sie zudem für einen geregelten Tagesablauf sowie für Abwechslung und liefern Gesprächsstoff. Zahlreiche Studien belegen, dass Haustiere dieser Art auch ganz gezielt bei Krankheiten und Problemen helfen können. Denken Sie aber immer daran, ein Haustier muss zu Ihrem Leben passen.

Umgekehrt können Haustiere aber auch ein Beziehungskiller sein und Singles mit Katzen haftet häufig das Klischee an, beziehungsunfähiger zu sein.

Wichtig für Singles ist generell, dass Sie sich nicht von Alltagsgegebenheiten abkoppeln und ausgrenzen lassen. Sie müssen allerdings hierfür etwas tun. Verinnerlichen Sie im weiteren Verlauf dieses Buches alle genannten Möglichkeiten und Anregungen, die unter den Rubriken „Zeit für Veränderungen“ aufgeführt sind. Zeigen Sie sich veränderungsbereit auch in Sachen Gewohnheiten und beherzigen Sie insbesondere die Verhaltensanregungen. Und denken Sie an einen Spruch von Harald Schmidt, einem deutschen Aphoristiker: **„Singles sind oft einsam, aber das sind Ehepaare auch“.**

8. Zeit für Veränderungen I – Vom Zeitpolster bis zu Gewohnheiten

8.1 Faktor „Zeit“ und der Umgang mit dieser Zeit – Zeitmanagement

Der Übergang von der Fremdbestimmung im Beruf zur Selbstbestimmung als Ruheständler macht ein neues Nachdenken über die **Nutzung der eigenen Zeit** erforderlich. Der Faktor Zeit wird mehrmals in diesem Büchlein erwähnt, da der Umgang mit dem Zeitfaktor ganz wichtig für eine gesunde Lebensführung, ein glückliches Leben und eine Ausgeglichenheit im Alter ist und wir können uns jetzt zu „Zeitmillionären“ entwickeln.

Bisher bestimmten hauptsächlich das Unternehmen, die Vorgesetzten, die Kunden, die Kollegen/innen usw. Ihre Zeit. Zukünftig sind es die eigenen Ziele, denen wir Zeit einräumen und zuordnen. Wir leben zwar immer länger, haben aber nie Zeit. Jetzt kommt es verstärkt darauf an, Lebensqualität durch eine besondere Zeitnutzung zu erreichen und gleichzeitig zu entspannen.

Zukünftig stehen täglich 8–10 Stunden mehr erlebbare Zeit zur Verfügung (ohne die Schlafenszeit), da gilt es, kurz über Kategorien der neuen Zeiteinteilung zu reden, so z.B.

- **Pflichtzeit** ist die Zeit für das, was gemacht werden muss wie z.B. Haushalt, Aufräumen, Saubermachen;

- **Informationszeit** benötigen wir, um zu wissen, was um uns herum passiert, z.B. Zeitung lesen, Fernsehen, Musik hören, Briefe und Emails schreiben, mit den Nachbarn reden, mit Ihrer WhatsApp-Gruppe schreiben, skypen, telefonieren oder gerade während der Coronazeit mit Onlinediensten wie z.B. Skype, ZOOM oder Microsoft Teams arbeiten. Diese müssen aber technisch vorhanden und gelernt sein.
- **Regenerationszeit** wie Schlafen, Essen, Bewegung (Sport, Spazieren gehen), Entspannen, Seele und Geist baumeln lassen;
- **Zeit für Kulturelles** wie z.B. Theater, Kino, Lesen, Fernsehen, Veranstaltungen besuchen;
- **Sozialzeit** für Familie (Kinder, Enkel), Freunde, Feste, Geburtstage;
- **Partnerzeit**, d.h. Zeit für den Partner/in, gemeinsame Unternehmungen;
- **Eigenzeit** wie Zeit für sich alleine, ungestört, Zeit zum Nachdenken, zum Planen, Meditieren, individuellen Sport auch gammeln und abhängen (chillen), Musik hören, malen usw.;
- **Zeit für die Gesellschaft,** z.B. ehrenamtliche Tätigkeiten in Schulen, Hochschulen, Altenheimen, politische Ämter in Gemeinden, Städten, in kirchlichen Organisationen;
- **Lernzeit**, d.h. im Sinne lebenslangen Lernens Zeit, um sich neues Wissen anzueignen, sich in neue Themen einzuarbeiten bzw. diese zu vertiefen. Dies betrifft heute für Senioren auch den teilweisen Umgang mit der Digitalisierung (achter Altersbericht 2020).

Jetzt gilt es diesen Umgang mit der Zeit neu zu definieren, zu kategorisieren und vor allem den Umgang mit der „neuen Zeit" zu lernen und auszufüllen. Prof. Lothar Seiwert, der sich mit Fragen des Timemanagement intensiv beschäftigt, spricht hier von der **Zeitbalance** mit einem Zeitpolster auch für Neues und Ungewohntes.

Trotz dieses neuen, zusätzlichen Zeitbudgets ist Zeit ein **kostenloses, aber kostbares Gut**, von dem jeder von uns die gleiche Menge zur Verfügung hat. Sie lässt sich nicht ersetzen, sie ist nicht vermehrbar und sie ist unwiderruflich, wenn sie falsch oder nicht richtig genutzt wird. Für uns Senioren ist es wichtig, dass es uns gelingt, die zur Verfügung stehende Zeit optimal zu gestalten und auch effektiv zu nutzen, um uns in die Lage zur versetzen, einen eigenen Lebensstil zu entwickeln, mit dem Ziel

- mehr Übersicht über anstehende Aktivitäten zu gewinnen,
- auch Zeit für kreative Freiräume zu nutzen,
- im Ruhestand nicht in Stress und Hektik zu geraten und
- mehr Freizeit für die Familie, Freunde und für sich selbst zu gewinnen.

Lernen Sie auch im Ruhestand, mit Ihrer Zeit sinnvoll umzugehen. Fassen Sie **Zeitdiebe** („unproduktive" Zeiten) wie zu viel fernsehen, zu lange Schlafen, zu viele uninteressante Gespräche usw. und gehen Sie **Zeitfresser** gezielt an. Auch Zeitmanagement im Seniorenalter bedeutet bewusste zeitorientierte Steuerung der eigenen Aktivitäten. Dabei kommt es im Wesentlichen nicht nur darauf an **„Dinge richtig zu tun"**, sondern darauf **„die richtigen Dinge zu tun"**.

Zum Thema „Zeitmanagement" äußerte sich schon vor zwei Jahrtausenden der römische Philosoph Seneca wie folgt: **„Es ist nicht wenig Zeit, was wir haben, sondern viel Zeit, was wir nicht nutzen"** und dies gilt insbesondere für diesen Lebensabschnitt.

Nach einem Arbeitsleben über Jahrzehnte, geprägt durch ständige Pflichterfüllung, Hektik, Stress, auch Überforderung bzw. Unterforderung, zeitlicher Hetze usw. ist es nicht einfach, den Hebel umzulegen und abzuschalten. Meist entsteht schon im Vorfeld vor der Ruhestandsphase eine uneingestandene Angst vor einer Leere, vor Sinnverlust, einer Angst vor dem Alter, einer Angst vor dem nicht mehr gefragt sein, nicht mehr im Rampenlicht des beruflichen Alltags zu stehen, auch einer Angst vor fehlender Anerkennung, Angst vor dem riesigen Zeitpolster u.v.m. Einbrüche im Selbstbewusstsein können entstehen, ferner hektische Ersatzhandlungen wie Kaufzwänge, zwanghaftes Aufräumen, ständiges Fernsehen, sich plötzlich intensiver Bemühen um die zwischenzeitlich erwachsenen Kinder und Enkel, Fluchtversuche durch Reisen insbesondere auf Luxusschiffen bis hin zu Depressionen. Daher ist es besonders wichtig, dass wir uns mit dieser Problematik schon vor dem Ruhestand intensiv auseinandersetzen, denn **das Leben im Ruhestand beginnt dort, wo die Zeit egal ist**.

8.2 Altern beginnt im Kopf

Beginnen wir an uns mit **eigenen ersten Veränderungen**, nutzen wir bestimmte Erkenntnisse auch aus der Gerontologie und denken daran, dass das **„Altern im Kopf beginnt"** und das heißt, gerade im Seniorenalter die Freude an neuen Dingen und an Mitmenschen zu kultivieren, nicht bequem oder satt zu werden, sondern noch etwas bewegen zu wollen. Natürlich fallen uns Veränderungen leichter, wenn wir uns bereits einige Jahre vor dem Ruhestand damit beschäftigt und die neue Situation verinnerlicht haben. Aber denken Sie daran: Es ist nie zu spät, damit zu beginnen:

- **Entpflichtung**, d.h. einfach Muße zulassen, sich selbst wahrnehmen, loslassen, körperlich und seelisch lockern, sich auch von alten Dingen lösen, Zeit für stille Stunden nutzen, absichtsloses Nichtstun;

- Lassen Sie **Gedankenspiele** zu: Sehnsüchte und Träume haben, Pläne machen, sich über eigene Wünsche für diese Lebensphase klarwerden;
- Dem Tag eine **neue Struktur** geben und herausfinden, womit wir unsere Zeit verbringen möchten und zu welchen Zeiten/Fixterminen oder was uns Spaß macht und unsere Neugierde weckt;
- Etwas **in Angriff nehmen**, was Sie bisher noch nicht gemacht hat, aber schon immer wollten (z.B. Musikinstrument lernen, einer Singgruppe beitreten), sich dabei aber nicht überfordern, etwas Neues wagen (z.B. künstlerische Potenziale umsetzen wie Malen);
- Weg von den über Jahre geltenden beruflichen „du solltest" oder „du musst"- Vorschriften, hin zu „ich kann" oder „ich möchte". **Ballast über Bord** werfen, alte Gewohnheiten reflektieren und unterbrechen, sich über belastende Konventionen klar werden und diese notfalls loswerden;
- Genießen Sie **wichtige und richtige Dinge des Lebens** und nehmen die schönen Seiten dieses Lebensabschnittes in den Blick. Machen Sie das, zu was Sie Lust haben und lassen Sie sich weniger fremdsteuern. Selbstbestimmung ist angesagt. Setzen Sie dabei auch Prioritäten;
- **Neues einüben** wie z.B. andere Ernährung, im Haushalt mit helfen, Fitnessaktivitäten, Bewegung an der frischen Lust, körperliche Ertüchtigung, Fahrradfahren, insgesamt etwas für die Gesundheit tun und sich weiterentwickeln;
- **Neues Lernen**: Öffnen Sie Ihren Geist für neues Wissen, Seminare besuchen, zu interessanten Vorträgen und Veranstaltungen gehen, in einen Seniorenstudiengang immatrikulieren, Sprachen lernen, neue Werte einüben wie mehr Offenheit, mehr Achtsamkeit, besser Zuhören, intensiv kommunizieren;

- Etwas der **Gesellschaft**, in der Sie groß geworden sind, zurückgeben, z.B. Vereinsaktivitäten, sozial oder politisch tätig werden, ehrenamtliche Tätigkeiten wahrnehmen, d.h. sich für andere engagieren und darin Sinn und Bestätigung finden;
- Sich um die **Partnerschaft** kümmern, gemeinsame Interessen aktivieren, suchen, finden und umsetzen, Neues erkunden und ausprobieren;
- Sich mehr **liebgewonnenen Freunden** zuwenden, die mir etwas geben und die mein Leben erfüllter gestalten helfen. Von Bekannten trennen, die mich belasten und keinen Zugewinn für diesen neuen Lebensabschnitt bieten;
- **Neue Lebenspläne** machen, neue Ziele setzen für ein Jahr, zwei, drei Jahre, mit dem Partner/der Partnerin besprechen, sich mit Menschen umgeben, die mir guttun und von anderen trennen, alte Freundschaften auffrischen und sich neuen gegenüber offen zeigen, ein neues Selbstverständnis erarbeiten;
- Mit **kleinen Veränderungen** im Lebensalltag, mit eigenen Handlungen beginnen, auch für den neuen Lebensabschnitt gilt es zu planen, zu entscheiden, Zeit, Geld und Energie zu investieren, aber sich nicht überschätzen und überfordern.

Wie heißt es doch so zutreffend: **„Veränderungen sind am Anfang hart, in der Mitte chaotisch und am Ende wunderbar“.**

Eine Vielzahl von neuen Möglichkeiten und Einschnitten bedingt jetzt: Setzen Sie auch **Prioritäten**. Werden Sie sich bewusst darüber, dass Sie nicht alles tun können und auch nicht müssen. Lassen Sie sich nicht fremdbestimmt für alles Mögliche einspannen, das Ihnen Ihr soziales Umfeld einplant. Arbeiten Sie mit Prioritäten und beginnen mit dem, was für Sie jetzt wichtig ist, was Sie auf jeden Fall tun wollen, was Sie neugierig macht, was Sie auch herausfordert und was Sie bisher nicht machen konnten. Denken Sie dabei daran, Dringlichkeit, auf die es jetzt nicht in jedem Falle ankommt, hat nichts mit der Wichtigkeit bzw. der besonderen Bedeutung einer Aufgabe zu tun.

Prof. Hans-Werner Wahl, ein Altersforscher der Uni Heidelberg, spricht in diesem Zusammenhang von der „**Tun und Lassen-Strategie**". Schenken Sie sich selbst und anderen Achtsamkeit und setzen sich neue Ziele. Kümmern Sie sich um soziale Kontakte, die Ihnen guttun, und lassen es sein, wenn Sie diese belasten.

Im Verlaufe vieler Jahrzehnte unseres Lebens und vor allem unseres Berufslebens ist unsere Persönlichkeit entstanden, ein bestimmter Lebensstil hat sich entwickelt und auch viele Gewohnheiten sind gefestigt und werden gelebt. Für diesen neuen Lebensabschnitt ist es jetzt sinnvoll und wichtig, auch **Loslassen zu lernen und Gelassenheit einzuüben**. Dies ist nicht gerade einfach und oftmals leicht gesagt. Aber es lohnt sich, es zu versuchen und vor allem schon früher, vor dem Eintritt in die Ruhestandsphase, punktuell zu beginnen, denn in dieser neuen Lebensphase muss das Ziel sein, so Axel Beyer, sich mehr Freiheit zu gönnen, **nicht mehr müssen müssen, sondern dürfen dürfen und dies solange wir noch können können.**

Wichtig ist, Barrieren, die mich daran hindern, gelassen zu sein wie z.B. Mangel an Vertrauen, Eile, Hast, ungenügende Planung, eigener Perfektionismus, Ärger über Kleinigkeiten, Rast- und Ruhelosigkeit, langsam abzubauen. Diese, auch durch das Berufsleben eingeschliffenen Eigenschaften und Verhaltensweisen machen uns im Ruhestand oft das Leben schwer. Lassen Sie los und üben sich mehr in Gelassenheit und Besonnenheit.

8.3 Mehr Zeit für die Partnerschaft

In vielen Familien unserer Generation hat die Frau oftmals während der Erziehungsphase der Kinder die Führungsrolle in der Familie übernommen und nachdem die Kinder eingeschult wurden möglicherweise eine zeitlich reduzierte Berufstätigkeit ausgeübt, geht eigenen vielfältigen Interessen nach und hat sich ebenfalls weitergebildet und weiterentwickelt. Jetzt sind Sie als Partner/in plötzlich den ganzen Tag zuhause, die Kommunikation mit den Kolleginnen und Kollegen im Unternehmen fehlt ebenso wie das gemeinsame Mittagessen in der Kantine.

Kommunikation ist in einer Partnerschaft sehr wichtig, diese gilt es jetzt aufzufrischen, zu intensiveren, neue Themen einzubringen u.v.m., denn **„In Beziehungen, wo nichts läuft, läuft nur der Fernseher“.**

Ferner ist die Führungsrolle im „Kleinbetrieb Haushalt“ schon seit Jahren durch die Ehefrau/-mann besetzt. Somit sind die ersten Probleme meist vorprogrammiert. Sehr treffend formuliert dies Hermann Lahm: **„Mancher Abteilungsleiter wird im Ruhestand Hilfskraft der Ehefrau“**, und das jährliche „Mitarbeitergespräch“ führt jetzt Ihr Partner/in mit hohen Ansprüchen, was die Zielerreichung der Aufgaben anbetrifft.

Der Psychologe Hans Jellouschek hat in seinem Buch über die „Kunst als Paar zu leben“ **fünf Phasen** einer Partnerschaft definiert: **Verschmelzung** (erste Jahre), beginnender **Widerstand** (z.B. Kinderphase), **Distanzierung** (möglich nach vielen Jahren des Zusammenseins), **Wiederannäherung und Vereinigung** auf einer reiferen, älteren Stufe des Lebens. Nutzen Sie für diese beiden letzten Stufen, die insbesondere auch für die nachberufliche Zeit Gültigkeit haben, verschiedene Schritte zur Vertiefung und Festigung der Partnerschaft. Beginnen Sie damit schon längere Zeit, bevor Sie in den Ruhestand gehen und insbesondere danach,

- den Partner/die Partnerin **akzeptieren**, zuhören lernen, ausreden lassen, Anerkennung und Lob auch für die Arbeit des Partners/der Partnerin, Instrumente nutzen, die Sie im Beruf kennengelernt haben wie z.B. Gespräche führen, Fragen stellen u.v.m.;
- zum **Gemeinschaftsgefühl** beitragen, Gemeinsames unternehmen, etwas Neues lernen und ausprobieren;
- über **Alltägliches reden, miteinander sprechen und sich mitteilen**, aber auch über Ziele, Wünsche, Sehnsüchte, Gemeinsamkeiten;
- Wechsel von **Nähe und Abstand**, Anerkennung des Eigenlebens meines Partners/Partnerin, genügend Freiräume für Beide schaffen und zulassen;
- Keiner kann einem Partner/Partnerin alles sein, daher **Freundschaften** pflegen, intensivieren, neue soziale Kontakte knüpfen und sich von Altkontakten, die belasten, trennen;
- Zeit für **stille Stunden** nehmen, Stille spüren, etwas alleine unternehmen, persönliche Beziehungen zu den Kindern und Enkeln pflegen und aufbauen;
- Gespräche über **Veränderungsbereitschaft** suchen und führen, gemeinsames Angehen von Veränderungen, dies kann auch Gewohnheiten betreffen;
- reife Partnerschaft bedeutet immer wieder **aufeinander zugehen**, im hier jetzt mit Freude miteinander leben, Nähe und Zärtlichkeit erneut wagen, intensivieren und einüben;
- **Offenheit** praktizieren, sagen, was mir passt bzw. nicht passt, loben und auch mal kritisieren;
- Privatsphäre und teilweises **Alleinsein** des Partners/Partnerin akzeptieren;
- für das **psychische Wohl** des anderen sorgen z.B. helfen, unterstützen, ermuntern, aufmuntern, gegenseitige Achtung, bei Kritik keine Schuldzuweisungen, zuhören, abwä-

gen, beraten, zur Seite stehen, nicht rumschreiben oder provozieren.

Denken Sie immer daran, nach vielen Jahren/Jahrzehnten einer Partnerschaft kann man sich nicht so einfach ändern, vor allem nicht abrupt und kurzfristig. Und denken Sie an die zahlreichen Gewohnheiten, die sie bisher gehegt und gepflegt haben. Veränderungsmanagement ist gefragt, so Prof. M. L. Moeller, aber gemeinsam erarbeitet und gelebt. Veränderung und Anpassung an zahlreiche andere und neue Gegebenheiten, etablierte Werte und Verhaltensweisen des Partners/in und der Familie. Zum Leben gehört, dass wir uns immer wieder neu erfinden. Was heute gut und richtig ist, kann morgen keine Gültigkeit mehr haben. Dies müsste eigentlich auch im Alter Mut machen, zu lernen, Altes aufzugeben und Neues zu wagen. J.W. Goethe meint hierzu ergänzend: **„In Partnerschaften muss man sich manchmal streiten, denn dadurch erfährt man mehr voneinander“.**

8.4 Macht der Gewohnheit?

Wie heißt es doch so häufig, der **„Mensch ist ein Gewohnheitstier“** und diese Gewohnheiten sind eine entwickelte Reaktions- und Verhaltensweise, die automatisch nach demselben Schema schon seit Jahren ausgeführt wird, wenn sie nicht bewusst vermieden oder unterdrückt wird. Und das ist nicht immer einfach, derartige Rituale zu verdrängen. So gibt es Gewohnheiten des Fühlens (körperliche Nähe), des Denkens (spiegeln unsere Einstellungen und Werte wider) und insbesondere auch des Verhaltens (Charaktermerkmale, Emotionen), die seit Jahren praktiziert und jetzt in einen anderen Alltag übertragen werden sollen, z.B. morgens um 8.00 Uhr zur Arbeit fahren, abends den Bus um 17.45 für die Heimfahrt nehmen). Gewohnheiten übernehmen viele unserer täglichen Entscheidungen, sie sind Verhaltensweisen mit charakteristischen Eigenschaften z.B. sie finden regelmäßig in gleicher Form statt, sie können schnell und unbewusst initiiert werden, eine bestimmte Situation löst sie automatisch aus und belasten die Aufmerksamkeit und die Konzentration wenig, sie haben sich einfach über die Jahre so entwickelt und eingestellt. Eine bestimmte Situation, z.B. der Wecker klingelt um 6.00 Uhr, genügt jeweils, um ein bestimmtes Verhalten und weitere Abfolgen auszulösen (aufstehen und ins Bad gehen). Ein großer Teil unseres Verhaltens läuft dabei unbewusst ab, gesteuert durch Gewohnheiten. Es sind gefestigte Automatismen, die uns das Leben einerseits erleichtern, andererseits andere belasten kann. Ca. 30–50% unseres täglichen Handelns werden, so der englische Sozialpsychologe Prof. Bas Verplanken, durch Gewohnheiten bestimmt. **„Wer sein Leben verändern möchte, muss seine Gewohnheiten ändern“**, lautet eine alte Weisheit.

Wir kennen alle die Redewendung von der „**Macht der Gewohnheit**“, die sich auf ein Tun oder Machen auf der Grundlage ausgeprägter Gewohnheiten bezieht, nicht auf ein fremdgesteuertes Handeln. Ein Abweichen von liebgewonnenen und über Jahre konditionierten Gewohnheiten ist, so die evolutionären Wurzeln der Gewohnheit, beim Menschen mit nicht zu unterschätzenden inneren Spannungen verbunden. Gewohnheiten beinhalten doch eine Routine, sind Handlungsabfolgen, die irgendwann automatisch und unbewusst eintreten. Gewohnheiten können gut und effektiv sein, aber auch schlecht und ineffektiv, insbesondere in der Wahrnehmung unseres Umfeldes. Neue Gewohnheiten bzw. neues Verhalten müssen mit großem Bewusstseinsaufwand betrieben werden, bis neue Gewohnheiten die alten überschreiben. Sätze aus dem Umfeld wie „das macht er schon immer so“ oder „das wird er nie ändern“ kennen wir zur Genüge.

Laut einer Studie der britischen Forscherin Pippa Lully dauert es im Durchschnitt 66 Tage, bis wir eine neue Gewohnheit verinnerlicht haben. Bei ihrer empirischen Untersuchung hierzu reichten die Einzelwerte der Veränderung von 18 bis 254 Tage für diesen Prozess. Wir werden unsere alten Gewohnheiten nicht einfach so abschütteln können, denn vieles wird oder hat sich durch die Rentenzeit verändert, z.B. morgens ins Büro fahren, der erste Griff zum Kaffee, nicht mehr pünktlich in der Kantine um 12.30 Uhr mit Kollegen täglich essen zu gehen, der Tausch vom betrieblichen Umfeld zum familiären Umfeld, der tägliche Small Talk mit Kollegen usw. Wie sagte schon J.W. Goethe: **„Alles Behagen im Leben ist auf eine regelmäßige Wiederkehr der äußeren Dinge gegründet“.**

Und jetzt sollen wir im Alter, im Ruhestand, unsere geliebten, für uns so guten Gewohnheiten ablegen, auch weil die Grundvoraussetzungen für deren Umsetzung jetzt oftmals fehlen. Das ist nicht einfach, denn die Veränderung von Gewohnheiten und bestimmter Verhaltensmuster braucht Zeit. Nicht nur Zeit, sondern auch Geduld und innere Willenskraft und Selbstdisziplin. Wir hörten ja bereits: Tagesabläufe sind neu zu definieren, die Zeit ist neu zu strukturieren und auszufüllen, gewohnte Personenkreise sind nicht mehr präsent u.v.m. Aber: Wer sein Leben im Ruhestand verändern möchte, muss auch Gewohnheiten ändern, d.h. wir müssen zuerst unsere Gewohnheiten erkennen, insbesondere schlechte, um diese loszuwerden. Setzen Sie zum Erkennen Unterstützer wie den Partner/in, gute Freunde usw. ein und stellen Sie ab und an die Frage „Was gefällt Dir an mir und was nicht“. Ferner brauchen Sie Alternativen für diese Gewohnheiten, von deren Sinnhaftigkeit Sie überzeugt sein müssen und dann üben Sie innere Disziplin, auch Zeitdisziplin, für neue Gewohnheiten. Lassen Sie sich in dieser „Umstellungs-/Veränderungszeit“ und danach von Ihren Unterstützern begleiten und evaluieren/überprüfen.

Bei unserem Verhalten im Alter und unseren Gewohnheiten sollten wir dabei an Horst Bulla, einen deutschen Dichter, denken, der sagte: **„Nichts ist langweiliger, als langweilig alt zu werden“.**

9. Status quo – Lernfähigkeit/ Lernkompetenz im Seniorenalter

9.1 Neugierde, Wissensdurst, Intelligenz und Kompetenzen

Empirisch belegt ist, dass der Altersprozess eines Menschen den verschiedensten Veränderungen unterliegt, so z.B. anatomischen und körperlichen Veränderungen (z.B. Körperbau, Beweglichkeit), physiologischen und emotionalen Veränderungen (z.B. Gefühlswelt), sensorischen und motorischen (z.B. Aufmerksamkeit, Sehen, Hören, Fingerfertigkeit, Laufen) Veränderungen.

Dass Kinder ihr Umfeld neugierig erkunden, auch den Wunsch haben, mehr über sich selbst, über Personen, Objekte und Gegebenheiten zu erfahren ist eigentlich selbstverständlich, so Prof. Dr. Saup, ehemaliger Psychogerontologe der Uni Augsburg. Dieses Neugierverhalten gilt auch für Schüler und Jugendliche, was niemanden verwundert. Dass aber ältere Menschen, Senioren, ebenfalls den Wunsch haben könnten, mehr über sich selbst und Ihre Umwelt, in der sie leben, wie z.B. Technik, Wirtschaft, Ernährung, Psychologie zu erfahren, neue Erfahrungen zu suchen, sich für Neues interessieren, sich neugierig und interessiert zeigen, Wissensdurst zu entwickeln, überrascht vielleicht den einen oder anderen. Gibt es diese Bestrebungen in höherem Alter nicht mehr? Haben Senioren eine Scheu, in der nachberuflichen oder nachfamiliären Lebensphase, lieb gewonnene und praktizierte Alltagsgewohnheiten oder ihr Freizeitverhalten zu ändern, um Neues auszuprobieren und Unbekanntes zu erkunden? Dies war lange Zeit auch in der Altersforschung eine Annahme. Zwischenzeitlich gibt es aber viele Untersuchungsergebnisse, die deutlich zeigen, dass die Senioren im Ruhestand natürlich auch an den bisherigen Lebensstil anknüpfen, aber sich sehr offen und mit Interesse neuen Betätigungsfeldern widmen und sich verändern wollen. Prof. Saup, der sich zu Lebzeiten intensiv mit Fragen der Psychogerontologie beschäftigt hat, stellte schon frühzeitig fest, dass ein hoher Anteil älterer Erwachsener ebenso wissensdurstig und neugierig ist wie viele Schüler und Studierende. Er spricht hier auch vom konstruktiven Altern. Der französische Soziologe Dr. Andre Siegfried schrieb hierzu: **„Man wird alt, wenn man spürt, dass die Neugierde nachlässt"**.

Dass nachlassende Gedächtnis- und Intelligenzleistungen als Kennzeichen von alternden Menschen gesehen werden, ist nicht selten. Dies ist nicht nur Ergebnis des Alltagsverständnisses junger Menschen, sondern auch häufig die Selbsterfahrung unseres Personenkreises. Unter Intelligenzabbau verstehen wir den Verlust der erworbenen und angeborenen intellektuellen Fähigkeiten. Die Behauptung eines generellen Intelligenzabbaus im Alter ist eine empirisch und wissenschaftlich nicht belegbare Einschätzung. So haben Forscher der Duke-Universität in den USA festgestellt, dass die Abnahme der geistigen Potenz mit steigendem Alter nicht als natürlicher Prozess anzusehen ist, sondern mit einem Krankheitsbild in Verbindung stehen muss (z.B. Herzleiden, Bluthochdruck). Der weit verbreitete Eindruck, Alter mache dumm, ist ihrer Meinung nach auf alte Menschen mit Vorerkrankungen zurückzuführen. Daher gilt generell auch nicht der Ausspruch **„Je oller, je doller"**.

Viele geistige Fähigkeiten wie z.B. Abstraktionsfähigkeit, sprachliche Fähigkeiten, intellektuelle Fähigkeiten, allgemeines Faktenwissen, Kombinatorik, verändern sich also im Verlauf des Lebens weniger in Abhängigkeit vom Alter, vielmehr vom

Gesundheitszustand des Einzelnen, vom gesellschaftlichen Status oder dem Bildungsstand bzw. ausgeübtem Beruf sowie anregenden Umweltbedingungen, so Prof. Saup. Untersuchungen zur geistig-intellektuellen Leistungsfähigkeit im Alter zeigen, dass, insbesondere bei geistig Arbeitenden, z.B. im Büro, es etwa ab dem 80. Lebensjahr zu einer bestimmte intellektuelle Leistungsbereiche betreffenden Reduzierung der Intelligenz und des Wissens (wie z.B. der Geschwindigkeit der Informationsverarbeitung, der Gedächtnisleistung und der Störanfälligkeit des Lernens im Alter) kommt. Bis zu diesem Zeitpunkt treten Minderungen in der Leistungsfähigkeit meist bei Anforderungen auf, die ein schnelles Reagieren des Seniors/in erfordern. Ein älterer Mensch kann im Normalfall davon ausgehen, dass seine geistigen Fähigkeiten i.d.R. 15–20 Jahre über die Pensionsgrenze hinaus fortbestehen. Als besonders positiv wirken dabei ein „Geistig-gefordert-werden", intensives und regelmäßiges Training der Intelligenz- und Gedächtnisleistungen, positive Lebens- und Beschäftigungsbedingungen, das Arbeiten am und die Förderung des individuellen Selbstwertgefühls, ferner Neugierde, Interessen und soziale Kontakte bzw. soziales Engagement. Negativ wirkt sich natürlich die Gesundheit im Alter auf diese Kompetenzen aus. Denken Sie daran: **„Das Gehirn altert im abgeschalteten Zustand schneller"**.

In früherer Zeit gab es das alte deutsche Sprichwort" **„Was Hänschen nicht lernt, lernt Hans nimmer mehr"**, das die beschränkte Lernfähigkeit im Alter andeutet. Dies hat heute keine Gültigkeit mehr auch aufgrund der Tatsache, dass unsere schnelllebige Zeit ein lebenslanges Lernen erforderlich macht. Die Altersforschung zeigt ferner, dass Lernen für ältere Menschen in der Regel im gesamten Erwachsenenalter hindurch möglich ist, normalweise nicht schneller, sondern anders als bei jungen Menschen. Wir können heute weniger von einer Verminderung der Lernfähigkeit im Alter sprechen, vielmehr von einem Wandel und einer neuen Form des Lernens, des

Umstellungslernens auf neue Gegebenheiten und aufgrund anderer Bedingungen. Auffällig dabei ist die Variationsbreite in Sachen Lernfähigkeit im Alter durch die Einflüsse z.B. des Gesundheitszustandes, das Trainieren und Praktizieren geistiger Tätigkeiten während der Berufstätigkeit, durch soziale Kontakte auch mit einer Vielzahl geistiger Gespräche und Diskussionen. **„Unser Kopf ist rund, damit das Denken die Richtung wechseln kann“**, dies sagte schon Francis Picabia, ein französischer Schriftsteller des 19. Jh.

Auch das Selbstbild der älteren Erwachsenen und deren Selbsteinschätzung in Sachen eigene Leistungskompetenz und Leistungsbereitschaft spielen hier eine Rolle. Das „andere Lernen“ bezieht sich dabei z.B. auf die verlangsamte Geschwindigkeit des Lernens, mehr Zeit beim Lösen von Aufgaben und Problemen, andere Lerntechniken, Sorgfalt/Genauigkeit sowie das Lernen in Sinnzusammenhängen und eine hohe Lernmotivation. Lernen zielt in diesem Alter weniger auf klassischen Wissenserwerb und Gedächtnisarbeit ab, sondern auf Erfahrungen verknüpfen und sammeln, Neugierde/Interesse entwickeln und Praxis-/Anwendungsorientierung für eine veränderte Umwelt und für die eigene Veränderung. Halten wir es mit der Gerontologin Prof. Ursula Lehr, die sagte: **„Es kommt nicht darauf an, wie alt man wird, sondern wie man alt wird“.**

Lassen Sie uns doch abschließend zu dieser Thematik einige Fähigkeiten/Kompetenzen älterer Menschen, der Senioren, zusammenfassen, denn die neuere Altersforschung zeigt, dass nicht alles im Alter schlechter wird, es bleibt auch einiges stabil und manches wird sogar besser:

– die **geistige Leistungsfähigkeit** im Alter nimmt nicht generell kontinuierlich ab. Dies gilt nur für Denkleistungen, die von einer gewissen Schnelligkeit geprägt sind, wie z.B. Kopfrechnen, schnelle Namensabfragen, Quizaufgaben unter Zeitdruck. Erworbene und langjährig trainierte Fähigkeiten wie z.B. Schachspielen oder die verbalen Fähigkeiten wie die Sprache, auch während der Berufstätigkeit gefordert und natürlich das enorme Erfahrungswissen, z.B. im technischen und gewerblichen Bereich bleiben bis ins hohe Alter gut erhalten. Die im Lebenslauf erworbenen Denk-, Lern- und Gedächtnisstrategien bleiben also bestehen, wenn Sie im Rentenalter kontinuierlich genutzt werden.

- Eigene **Erfahrungen und Wissen** an Nachfolgegenerationen (z.B. Kinder, Enkel, Jugendliche) weiterzugeben, ist für viele Senioren eine bereichernde und einzigartige Erfahrung, die sie gerne machen. Die Senioren als Mentoren für die jungen Generationen, z.B. im Unternehmen, in der Schule, in der Hochschule. Zur geistigen Produktivität im Alter zählen besonders das Erteilen von Ratschlägen, das Lösen von Problemen, die Weitergabe von Informationen und vor allem von Lebenswissen.
- Senioren sind heute offen für **neue Erfahrungen,** sind neugierig und wissensdurstig sowie offen für das Hinzulernen aktueller auch wissenschaftlicher Erkenntnisse, z.B. Energiepolitik, Umweltpolitik, wirtschaftliche Fragestellungen, politische Themen. Der Wissensdrang nach aktuellen Themen ist heute meist anders, als noch bei den Generationen vorher.
- Die Senioren heute verstehen es meist, sich ein hohes persönliches Wohlbefinden zu erhalten. Selbst in schwierigen Situationen lässt sich etwas Gutes abgewinnen. Ferner verstehen sie es, ihre Lebensziele flexibel den gegebenen Umständen anzupassen, z.B. im Falle einer veränderten gesundheitlichen Situation. **Umstellungslernen** ist hier wiederum gefragt.
- Viele Senioren zeichnen sich durch eine hohe **soziale Kompetenz** aus, sie gehen offen auf andere zu, binden diese im

Gespräch ein, diskutieren gerne im Team und helfen sich wechselseitig, gehen gerne mit anderen aus und unternehmen Vieles gemeinsam. Dies ist wichtig gegen die Vereinsamung und gegen Antriebslosigkeit. Emotional haben Senioren eine positive Ausstrahlung auf andere und wirken motivational.

Und noch eins: Nutzen Sie Ihre besonderen **Talente und Potenziale**, die vielleicht im Laufe der Berufsjahre etwas verkümmert sind und dahin schlummern. Suchen Sie diese schlummernden Potenziale, auch gemeinsam mit Freunden, die diese schon lange erkannt haben und setzen Sie diese für Ihre Belange ein, z.B. im sozialen Dienst, in einem Studium, in Ihrer Sportgruppe, im Seniorenkreis. Dies könnte zusätzliche Zufriedenheit im Alter schaffen.

Im Unternehmen spricht man hier von Talentmanagement, der Sichtung und Förderung von besonderen individuellen Talenten der Mitarbeiter. Für ein Unternehmen gibt es nichts Schlimmeres als nicht zu erkennen, welche **schlummernden Potenziale** in Mitarbeitern ruhten, die nie geweckt und genutzt werden konnten. Heute versucht man, die Potenziale der Mitarbeiter fürs Unternehmen durch sog. Potenzialanalysen zu erkennen unter Einsatz „eignungsdiagnostischer Verfahren" zur Ermittlung von Berufs- und Tätigkeitsanforderungen, so Dr. Viktor Oubaid, ein in diesem Bereich hoch anerkannter Psychologe.

Halten wir es mit einer Weisheit zum Alter von Goethe, der sagte: **„Das Alter kann kein größeres Glück empfinden, als dass es sich in die Jugend hineingewachsen fühlt und mit ihr nun fortwächst".**

9.2 Zeit für Veränderungen II – neues Wissen und lebenslanges Lernen

Wie sagte schon der griechische Philosoph Sokrates **„Es ist keine Schande, nichts zu wissen, wohl aber nichts lernen zu wollen“.** Und dies trifft auch für das Alter zu, denn lebenslanges Lernen ist in unserer heutigen Zeit eine unwiderrufliche Forderung auch für die Altersklasse der Rentner, um „Überleben“ und uns das Leben erleichtern und erschließen zu können, sei es im privaten häuslichen Umfeld (z.B. Digitalisierung im Haushalt - Smartphone, PC, Tablets) oder im außerfamiliären Bereich (z.B. Bankenkontakt, Kinokarten, Flugkarte). Gerade die digitale Welt holt uns heute an jeder Ecke ein und wir müssen uns ihr stellen, indem wir den Zugang und die Nutzung digitaler Technologien lernen.

Im Alter haben wir, wie schon öfters erwähnt, durch den Wegfall der beruflichen Tätigkeit mehr freie Zeit für viele andere, schöne und neue Dinge. Nutzen Sie diese freie Zeit, auch um Neues zu lernen, neugierig und interessiert an anderen Wissensgebieten zu sein. Dies ist nicht nur mit einem Zuwachs an Wissen verbunden, sondern im Alter wird dadurch das Denken und das Gedächtnis sowie die Konzentrationsfähigkeit trainiert und geschult. Sie setzen sich damit auch bewusst mit den vorher genannten Entwicklungen und auch Erleichterungen in Ihrem Umfeld auseinander, sei es Technik, Medien, Kommunikation, künstliche Intelligenz u.v.m. Nutzen Sie auch die vielfältigen altersspezifischen Bildungsmöglichkeiten, die Ihnen schon seit vielen Jahren im vorgerücktem Alter zur Verfügung stehen. Und denken Sie daran, ein Mittel von Altershemmung bzw. Altersverhinderung, in neudeutsch ausgedrückt, „Anti-Aging“, ist Bildung, in unserem Falle Seniorenbildung. Beherzigen Sie ein altes deutsches Sprichwort: **„Zum Lernen ist niemand zu alt“.**

9.2.1 Studieren im Alter (Seniorenstudium)

Immer mehr Senioren zieht es an die Hochschulen und Universitäten. Viele dieser Bildungseinrichtungen stellen sich zwischenzeitlich auf die Wünsche ihrer älteren Studierenden ein und bieten besondere Programme an.

Unter dem Begriff „Seniorenstudium“ - auch Studium im Alter, Studieren ab 50 – fallen die unterschiedlichsten, das Interessensspektrum älterer Menschen berücksichtigende Bildungsangebote. So gehen in Deutschland die Anfänge des Seniorenstudiums bis in die späten 70er Jahre zurück. Erste Studienangebote für ältere Erwachsene wurden in den 80er Jahren an den verschiedensten Universitäten und Hochschulen geschaffen. Dies war ein ganz wichtiger Schritt in der damaligen Zeit, denn die **„Mobilität des Geistes“** im Alter ist wichtig, ferner haben nicht alle Senioren während ihrer Berufstätigkeit Hobbies aufgebaut und entwickelt bzw. verfügen auch nicht über handwerklich-technische Begabungen, um Haus und Hof in Ordnung zu halten bzw. die der Kinder. Daneben gibt es, durch das Fernsehen beeinflusst, sehr viele Interessensgebiete, für deren Erkundung erst jetzt die Zeit zur Verfügung steht. Denken wir dabei auch an die unterschiedlichsten Bildungskanäle.

Die Gründe für ein Studium im Alter sind sehr vielfältig, Training geistiger Fähigkeiten sowie der Wunsch, das Allgemeinwissen zu erweitern, sind wichtige Triebfedern. Andere möchten Ihre speziellen Interessen, ob alte oder neue, erweitern und vertiefen und lange gepflegte Hobbies, z.B. Naturschutz, auch auf wissenschaftlicher Grundlage neu entdecken.

Dabei entscheidet nicht der Arbeitsmarkt über die Wahl des Studienfaches, sondern allein das Interesse an Neuem. Exotische Fächer und Sprachen, aber auch Philosophie, Kunst und Politikwissenschaft sind dabei besonders beliebt. Ferner wird der Austausch mit Gleichgesinnten angestrebt. Sehr viele studierende Senioren streben dies auch an, um, so die Aussagen verschiedener Seniorenstudierender, der Einsamkeit vorzubeugen und Spaß und Freude neu zu wecken, insbesondere wenn der Partner/Partnerin verstorben ist und die Kinder oftmals weit entfernt von Oma oder Opa leben. Und noch ein Punkt ist wichtig: Ein Seniorenstudium bietet in einer schwierigen Rentenzphase auch einen festen Anker, den eine Berufstätigkeit gekennzeichnet hat, z.B. in Form von strukturierten Lehrplänen und festen Vorlesungszeiten, Teilnahme an Leistungstests, Kommilitonen, Bibliothekszeiten, Gruppenarbeiten und somit ein Stück aktive Lebensgestaltung und sie helfen dabei, mit den zahlreichen Veränderungen durch die Rentenzeit umzugehen.

Lebenslanges Lernen wird seit vielen Jahren auch als ein wichtiger Baustein für ein zufriedenes und gesundes Altern gesehen. Dies zeigen viele Gespräche mit jungen Studierenden, die die Seniorenstudierenden als erstaunlich fit und agil, junggeblieben sowie als gut organisiert und sehr kooperativ bzw. hilfsbereit charakterisieren. Dabei bieten die Jungen den Senioren Hilfestellung insbesondere in Sachen IT und die Älteren in Sachen Erfahrungswissen. Dass geistige und körperliche Aktivität jung hält, ist durch Untersuchungen mehrfach bewiesen. Der Schritt in ein Seniorenstudium fordert Sie nochmals heraus, sich neuen Situationen zu stellen, neue Kontakte zu knüpfen, sich auch auf neue Einflüsse und Gegebenheiten einzustellen und somit geistig flexibel zu bleiben. Durch den Kontakt mit einer Vielzahl von insbesondere jüngeren Studierenden erweitert sich auch Ihr soziales Umfeld deutlich. Viele Seniorenstudierenden, so zahlreiche Gespräche, fühlen sich auch nicht länger abgehängt, sondern mehr gesellschaftlich akzeptiert und wertgeschätzt. Und wie sagte schon der griechische Dichter Aischylos: **„Zum steten Lernen bleibt auch das Alter jung“.**

Jetzt bietet sich auch die Möglichkeit, Bildungsverzicht im jungen Alter trotz Abitur, bedingt durch die fehlenden finanziellen Unterstützungen, familiäre Verhältnisse usw., zu kompensieren und Versäumtes nachzuholen. Bei Ruheständlern kann auch die Suche nach neuen Orientierungen beruflicher Art oder Hobbies für die Persönlichkeitsbildung ausschlaggebend sein. Ferner spielt öfters das Bedürfnis nach sozialer Kommunikation und Geselligkeit bei der Aufnahme eines Seniorenstudiums eine Rolle. Die Senioren möchten mit Gleichaltrigen, die ähnlich denken und ähnliche Interessen haben, eine Gemeinschaft bilden, auch außerhalb ihrer bisherigen Freundes- und Bekanntenkreise. Sie möchten auch mit jüngeren Studierenden diskutieren, Erfahrungen und Meinungen austauschen und oftmals von deren Unbekümmertheit lernen.

Sehr schön ist dies im Studienalltag älterer Studierender zu sehen, wenn Sie in den Mensen zum Frühstück oder zum Mittagessen in größeren Gruppen zusammensitzen oder oftmals in größerer Formation in die Vorlesungen einfallen und dort besonders gerne in den vorderen Reihen sitzen und aktiv durch Fragen an die Professoren auffallen. Der Besuch von sehr vielen Lehrveranstaltungen und Fachgebieten ist möglich. Nicht wählbar sind für die Senioren Fächer wie Medizin, Zahnmedizin oder Psychologie. Dies ist allerdings von Bundesland zu Bundesland unterschiedlich geregelt.

Einige Seniorenstudierende suchen auch mit dieser Form des Wissenserwerbes eine Möglichkeit soziale Isolation, Abbau von Lethargie und Langeweile sowie die Einsamkeit zu überwinden.

Sehr treffend ist hierzu ein Spruch von Henri Ford I. der formulierte: **„Jeder der aufhört zu lernen ist alt, mag er zwanzig oder achtzig Jahre zählen. Jeder der weiterlernt ist jung, mag er zwanzig oder achtzig Jahre zählen“.**

Für die älteren Erwachsenen und Senioren gibt es jetzt verschiedene **Möglichkeiten**, an einer deutschen Hochschule/ Universität zu studieren.

+ die Teilnahme an einem **regulären, ordentlichen Studium** ist an das Abitur gebunden. Je nach Fachrichtung gibt es hier Zulassungsbeschränkungen (NC – Numerus Clausus), denen nicht nur Sie, sondern auch die jungen Studierenden unterliegen. Sie studieren nach Lehrplan mit Pflichtveranstaltungen und erbringen Leistungsnachweise (z.B. Klausuren, Hausarbeiten, Präsentationen). Den Abschluss des Studiums bildet dann, z.B. ein Bachelor- oder Masterabschluss oder ein Magisterabschluss. Über die einzelnen Studiengänge mit ihren Anforderungen informieren Sie sich am besten über das Internet der jeweiligen Hochschule, z.B. www.uni-mainz.de. An einem kompletten Studienabschluss sind die wenigsten Senioren interessiert. Interessant in diesem Zusammenhang ist aber, dass Senioren, die bereits einen Studiengang in frühester Jugend mit dementsprechender Note absolviert haben, im Alter noch an einem Promotionsstudium interessiert sind (Dr. Grad) **„Seniorenpromotionen"**. Allein im Land NRW waren es im letzten Studienjahr über 250 Senioren, die an einer Promotion arbeiten. Machen Sie sich schlau unter www.avds.de/studieren/promotion.de.
  Mit den Senioren holen sich die Hochschulen viel Lebenserfahrung und Kompetenzen ins Haus, die sie gezielt den jüngeren Studierenden zugutekommen lassen können, so die Aussagen vieler Professoren und wissenschaftlicher Mitarbeiter.
+ Ein **Gasthörerstudium** dient der Weiterbildung in einzelnen Studiengebieten mit deren Wissensbereichen, um evtl. Kenntnisse aufzufrischen oder aus Interesse an einem Wissensfeld. Sie suchen Ihre Fächer selbst zusammen (Studium generale). Dabei streben Sie keine Prüfung oder einen Abschluss an. Eine Gasthörerschaft ist auch an keine Hochschulzugangsberechtigung wie das Abitur geknüpft (bitte die Ausnahmeregelung in den Bundesländern beachten).

Sie können also heute in eine Lehrveranstaltung in römischer Geschichte gehen oder morgen sich eine Vorlesung zum Thema internationales Steuerrecht anhören. Die Studiengebühren betragen je nach Anzahl der Vorlesungen zwischen 50 und 300 Euro pro Semester, auch hier jeweils in Abhängigkeit vom Bundesland, denn Sie wissen ja, Bildung ist in Deutschland Aufgabe der einzelnen Bundesländer.

+ Das **Seniorenstudium** ist ein ganz spezielles Gasthörerstudium, dabei sind Senioren als „besondere Gasthörer" eingeschrieben. Diese Studienmöglichkeit ist dadurch gekennzeichnet, dass die Universität dieses Studium durch spezielle Beratungs- und Begleitveranstaltungen unterstützt. Daher gibt es in Deutschland kein einheitliches Modell des Seniorenstudiums. So gibt es von Hochschule zu Hochschule unterschiedliche Konzepte des Gasthörer- und Seniorenstudiums. Dabei können reguläre Lehrveranstaltungen der verschiedensten Studiengänge für die Senioren zugänglich sein oder ein eigenes Studienprogramm für die Senioren vorliegen. Die Organisation dieses Gasthörerstudiums obliegt oft speziellen Einrichtungen der Hochschule wie einer Kontaktstelle, einer Zentralstelle für wissenschaftliche Weiterbildung oder einem Zentrum für wissenschaftliche Weiterbildung. Dabei werden oft spezielle Lehrveranstaltungen aus Themenbereichen wir Kunst- und Literaturwissenschaften, Naturwissenschaften, Sprachen, Geschichts- und Kulturwissenschaften etc. angeboten. Das spezielle Procedere für die Einschreibung, den Studierendenausweis usw. entnehmen Sie aus dem Internetauftritt der jeweiligen Hochschule oder Universität unter dem Suchwort Seniorenstudium oder Gasthörer. Zwischenzeitlich gibt es sogar in Bad Meinberg die erste deutsche Seniorenuniversität, dabei bleiben allerdings die Studierenden im vorgerückten Alter unter sich. Kommunikation mit jüngeren Kommilitonen ist aber gerade in einem Studium wichtig, denn insbesondere können dabei die Jüngeren den Älteren helfen, gerade wenn es um IT- und softwarespezifische Lernprogramme, Online-Vorlesungen u.v.m. geht und die Älteren bringen ihre Lebenserfahrung im Gegenzug dazu ein. Wie sagte Otto von Bismarck schon damals: **„Ich lerne vom Leben. Ich lerne solange ich lebe. So lerne ich noch heute".**

Darüber hinaus gibt es auch eine Bundesarbeitsgemeinschaft Wissenschaftliche Weiterbildung für Ältere (BAG WIWA) sowie einen Studienführer für Senioren, herausgegeben vom Bundesministerium für Bildung und Forschung, den Sie kostenfrei anfordern können (www.bmbf.de). Seniorenstudiengänge sind übrigens auch in Fernstudienform möglich, z.B. an der Fernuniversität in Hagen (www.fernuni-hagen.de). Der akademische Verein der Senioren in Deutschland bietet ebenfalls einen interessanten und umfassenden AVDS-Studienführer an (www.avds.de/Studienführer). Machen Sie sich einfach auf die Suche in den verschiedensten Suchmaschinen wie z.B. Google.

9.2.2 Weiterbildungsangebote der Volkshochschulen und Weiterbildungszentren

Die Volkshochschulen (VHS) und Weiterbildungszentren (WBZ) sind gemeinnützige Einrichtungen zur Erwachsenen- und Weiterbildung in Deutschland. Volkshochschulen sind entgegen ihrer Bezeichnung keine Hochschulen (tertiäre Bildungseinrichtungen), sondern sind dem quartären Bereich „Weiterbildung" zugeordnet. Die Kursangebote bestehen aus Lehrveranstaltungen verschiedenster Dauer, oftmals zwischen einer und mehreren Wochen.

Das Programm ist sehr vielfältig und reicht in der Erwachsenen- und Jugendbildung von Studienreisen und Exkursionen (z.B. Theater, Firmenbesichtigungen) bis hin zu Themen aus Politik, Gesellschaft, Umwelt, Beruf, Sprachen, Gesundheit, Musik, Kultur bis hin zu Schulabschlüssen (z.B. Hauptschulabschluss). Wagen Sie auch im vorgerückten Alter etwas Neues, lernen Sie noch eine Fremdsprache oder fangen an zu musizieren. Untersuchungen hierzu zeigen oftmals, dass im Alter insbesondere Musikinstrumente wie Gitarre oder Klavier hohe Akzeptanz genießen. Und für ein Musikinstrument ist es, so Prof. Altenmüller, Musikmediziner der Uni Hannover, nie zu spät. Es hängt einfach davon ab, wieviel Freude, Zeit und Interesse Sie in das Lernen und spielen eines Instrumentes investieren möchten. Wer sein Leben lang gelernt hat, so Prof. Altenmüller, wird es auch leichter haben, im Alter noch ein Instrument neu zu lernen, denn die Vernetzungen im Gehirn, zwischen den Fingern und dem Gehör, gehen nicht verloren. An vielen Volkshochschulen angeschlossen sind Musikschulen, machen Sie sich schlau dazu.

Darüber hinaus sind Aktivitäten in Bereichen wie Singen, Tanzen, Turnen sehr gefragt. Das Singen und Musizieren sind beim Älterwerden ganz besonders wertvoll, dies liegt einerseits an der kontinuierlichen geistigen Herausforderung, andererseits am sozialen Aspekt. Die Zahl der Senioren und Seniorinnen, die eine Musikschule besuchen, steigt von Jahr zu Jahr. So geht die Wissenschaft davon aus, dass aktives Musizieren als eine anspruchsvolle Tätigkeit die kognitiven Reserven der Senioren anhebt, denn das Gehirn ist für komplexere Vorgänge geübt. Musikalische Aktivitäten können die Lebensqualität und die Lebenszufriedenheit steigern. Und wie meinte schon der Schweitzer Pädagoge und Sozialreformer Johann Heinrich Pestalozzi: **„Ich brauche nicht daran zu erinnern, wie wichtig die Musik ist, weil sie die höchsten Gefühle, deren der Mensch fähig ist, zu erzeugen und zu unterstützen vermag“.**

Ferner bieten die Volkshochschulen ebenso als Auftragsmaßnahmen Schulungen und Seminare für Unternehmen, Vereine, Verwaltungen, auch Privatpersonen usw. an. Hier gibt es ebenfalls spezielle Angebote für Senioren auch im Bereich Gesundheits- und Kreativitätsförderung.

Zukünftig muss auch, so der achte Altersbericht 2020, die Digitalisierung den Lebenswelten von Senioren angepasst werden, d.h. vorab Hilfestellungen in Unterrichtsform in Richtung Aneignung digitaler Kompetenzen, den Umgang mit digitalen Technologien (z.B. Internet) üben und nutzen und mit digitalen Produkten, z.B. Skype, arbeiten. Diese digitale Teilhabe der Senioren ist wichtig, um einer digitalen Spaltung zwischen Jung und Alt vorzubeugen, um die Lebenswelten älterer Menschen, z.B. Wohnen, Selbständigkeit und Mobilität, soziale Integration oder Gesundheit, zu verbessern.

Sehr viele Anregungen inhaltlicher Art finden Sie unter www.volkshochschulen.de oder unter der örtlichen VHS in Ihrer Umgebung, z.B. www.wbz-ingelheim.de. Scheuen Sie sich nicht und nehmen einfach Kontakt auf und lassen Sie sich hinsichtlich Ihrer Interessen und fachlichen Potenziale, die Sie mitbringen bzw. noch entwickeln wollen, beraten. Auch diese Bildungseinrichtungen tragen Ihrem Bedürfnis nach sozialer Kommunikation und Gesellschaft mit Gleichgesinnten bei. Sie erfahren dabei meist Bildung als Erlebnis und erschließen sich somit neue Horizonte.

Möchten Sie sich lieber zuhause an Ihrem Schreibtisch weiterbilden, ohne Kontakt zu „Mitschülern“ und zum „Dozenten“, indem Sie allein um die Erkenntnisse eines Fachgebietes ringen, gibt es die Möglichkeit der Teilnahme an einer Fernschule. Das Angebot ist sehr vielfältig, genauso die Institutionen, die diese Maßnahmen anbieten (vgl. z.B. www.sgd.de, www.ils.de).

Dabei können Sie sich die Bildungssequenzen zeitlich und vom Umfang her selbst zu Hause einteilen, Sie lernen online,

Sie erhalten, je nach Weiterbildungsziel, digitale Unterlagen und gedruckte Lernmaterialien. Auch dies ist eine Möglichkeit, hier sind allerdings die direkte Kommunikation mit anderen, das sich Treffen und Zusammenarbeiten sowie der rege Gedankenaustausch und die Geselligkeit sekundär. Derartige online-Bildung bietet sich auch dann an, wenn die Weiterbildungsträger/Volkshochschulen weiter entfernt vom Wohnort des Bildungsinteressenten sind. Dies war insbesondere während der Coronazeit eine wichtige, noch ungewohnte Lehr – und Lernmethode. Gerade diese Zeit zeigt uns sehr deutlich auf, wie es um die Digitalisierung in den Schulen und Hochschulen der BRD gestellt war/ist.

9.2.3 Bildung im Gerichtssaal – Besuch von Gerichtsverhandlungen

Eine besondere Art der Bildung und Wissensaneignung nutzen zwischenzeitlich Senioren als Besucher im Gerichtssaal, bei der Teilnahme an interessanten Gerichtsverhandlungen. Hier lernen Sie unser Rechtssystem (Judikative) kennen, so z.B. den Ablauf von Gerichtsverhandlungen, Grundzüge eines Strafverfahrens, zahlreiche interessante Verhandlungen aus den unterschiedlichsten Rechtsbereichen, die Arbeit der Gerichtsbarkeit und der Richter und Schöffen sowie auch das Verhalten Straffälliger im Rahmen ihrer Verhandlung. Wie meinten mehrere Senioren im Gespräch, die regelmäßig Gerichtsverhandlungen besuchen: Das prickelnde an diesen Verhandlungen ist die Beobachtung und Reaktion von Richtern, Staatsanwälten, Verteidigern und Angeklagten. Anschließend werden noch soziale Kontakte im Kaffee aufgefrischt.

Sie können auch als ehrenamtliche Richter/in, genannt Schöffe/in, beim Strafgericht berufen werden. Dabei sollen Sie

Erfahrungen, Kenntnisse und Wertungen aus Ihrem täglichen Leben in die Beratungen und Verhandlungen einbringen mit dem Ziel, die juristische Sichtweise der Berufsrichter zu ergänzen. Sie sind wie diese nur dem Gesetz unterworfen und haben in den mündlichen Verhandlungen und der Urteilsfindung die gleichen Rechte und die gleiche Verantwortung. Ferner sind Sie weisungsfrei und zu absoluter Neutralität verpflichtet. Als Schöffe werden Sie gewählt und müssen das Amt annehmen (Ausnahmen sind möglich). Altersbegrenzung bis 70 Jahre.

Aufgrund des Öffentlichkeitsgrundsatzes sind, z.B. Verhandlungen in Strafsachen sowie mündliche Verhandlungen in Zivilsachen, in der Regel öffentlich. Dabei besteht für Einzelpersonen und Gruppen jederzeit die Möglichkeit, als Zuschauer an einer Gerichtsverhandlung teilzunehmen. Ausnahmen gelten insbesondere in Straf- und Bußgeldverfahren gegen Jugendliche (14–18 Jahre) und in Verfahren, in denen das Gericht aus besonderen Gründen die Öffentlichkeit ausgeschlossen hat.

Beim Besuch einer Gerichtsverhandlung müssen Sie sich allerdings an bestimmten Verhaltensregeln orientieren, z.B. kein lautes Sprechen, nicht Essen und Trinken, keine Fotoaufnahmen, keine gefährlichen Gegenstände. Ferner müssen Sie sich aus Sicherheitsgründen einer Eingangskontrolle unterziehen.

Eine Gerichtsverhandlung bietet Ihnen die aktive Auseinandersetzung mit demokratischen Werten unserer Gesellschaft. Sie fördert in besonderem Maße den Erwerb sozialer Kompetenz, um für sich und andere Verantwortung übernehmen zu können und damit die Zivilgesellschaft zu stärken. Demokratie wird dabei nachhaltig erfahrbar.

Wichtig ist, dass Sie sich vorher informieren, welche Verhandlungen angeboten werden und zu welcher Uhrzeit. Hauptverhandlungen sind längerfristig anberaumt, dabei kann es immer wieder zu Terminveränderungen kommen, z.B. durch

Krankheiten, Verhinderung von Verfahrensbeteiligten. Es wäre sinnvoll, 2–3 Tage vor dem Hauptverhandlungstag entweder telefonisch oder über Internet nachzufragen, ob die Hauptverhandlung stattfindet. Oftmals wird diese aber auch kurzfristig verlegt. Nutzen Sie dabei die länderspezifischen Informationen z.B. des Hessischen Ministeriums der Justiz zu den „Kontaktdaten der einzelnen Gerichte“ über www.justizministerium.hessen.de. Damit vermeiden Sie unnötige Wege.

Die Judikative ist Aufgabe der einzelnen Bundesländer. So bietet z.B. das bayerische Justizministerium in einer Broschüre sehr interessante Informationen zur Vorbereitung und Begleitung des Besuches einer Gerichtsverhandlung (www.justiz.bayern.de). Auch das Justizministerium in Thüringen offeriert derartige Dienste (www.justiz.thueringen.de), von den Grundzügen eines Strafverfahrens bis hin zu den Aufgaben des Amtsgerichts als Teil der Gerichtsbarkeit. Nutzen Sie ferner die Suchmaschinen im Internet, dort finden Sie hunderte von Informationen zu diesem Themenfeld.

Begleitend könnten Sie vorher im Rahmen eines **Gasthörerstatus** und Seniorenstudiums an einer Universität in einem juristischen Studiengang sich mit speziellen Gesetzen in diesbezüglichen Vorlesungen vertraut machen und somit auch die „juristische Theorie“ kennenlernen.

9.2.4 Bildung durch Reisen

Auch Senioren brauchen ab und an Abstand vom häuslichen Umfeld. Reisen gehört dabei ebenfalls zu sehr wichtigen und beliebten Beschäftigungen. **„Die Welt ist ein Buch, und wer nicht reist, liest nur eine Seite,** so formulierte es schon Augustinus, denn die Erde und auch unser Land ist gefüllt mit unendlichen Schönheiten, historischen Gegebenheiten, vielen Erfahrungen und einmaligen Gelegenheiten. **„Reisen bildet“**, heißt eine alte Weisheit, erweitern Sie Ihre kulturelle, intellektuelle und auch spirituelle Bildung und genießen Sie natürlich auch die Ruhe in einer anderen Umgebung.

Einige Gründe, warum auch Senioren so gerne reisen, sind:

- **Lernen und erproben neuer Sprachen** und dies vor Ort. Erweitern Sie Ihre Fähigkeiten, indem Sie möglichst viel Kontakt mit Muttersprachlern haben. Ein Lehrbuch kann Ihnen nicht den Slang, die Intonation oder den Gesangsausdruck vermitteln. Konversation hilft Ihnen, Ihren kulturellen Horizont zu erweitern und ihre Hör- und Sprechfähigkeit auszubilden. Und wenn Sie die Sprache nicht beherrschen, lassen Sie sich durch sog. „Native Speaker“ führen.
- **Erforschen kultureller Unterschiede** auf Ihren Reisen. Daher ist es einerseits wichtig, dass Sie kommunizieren andererseits über Ihre Reiseleiter, die meist Einheimische sind, möglichst viele Informationen einsammeln. Unterschiedliche Kulturen bevorzugen unterschiedliche Arten der Küchen, Umgangsformen und auch soziale Erwartungen. Auch Rituale oder religiöse Grundsätze lassen sich besser begreifen. Damit Sie bei Fernreisen keinen Kulturschock erleiden, ist es wichtig, sich vorher durch Lesen schlau zu machen.
- Haben Sie die **unterschiedlichsten Kulturen** kennengelernt, halten Sie nach kulturellen Gemeinsamkeiten Ausschau, sei es in der Kunst, der Geschichte, der Körpersprache oder der Gewohnheiten und Werte. Und geben Sie anderen Kulturen eine Chance.

Durch Reisen erhalten Sie auch Ihre Unabhängigkeit. Es muss nicht immer eine Reise in die Ferne sein, auch Deutschland oder Europa bieten vielfältige Möglichkeiten, um im Rahmen von Rundreisen per Bus oder Bahn andere Leute kennenzulernen, Freundschaften zu schließen, sich bei der nächsten Rundfahrt wieder gemeinsam anzumelden, sich zu unterhalten und über viele soziale Kontakte ein Stück mehr Lebensqualität durch Reisen zu gewinnen. Wie sagte schon J.W. Goethe: **„Warum in die Ferne schweifen, wenn das Gute liegt so nah".**

Sehr beliebt sind auch bei Senioren Kreuzfahrten durch die Weltmeere, die eine Kombination von Meer, fremde Länder und Essen/Trinken anbieten. Ob sich dieser Reisetrend allerdings nach der Coronazeit so weiterentwickelt, ist für die nächsten Jahre fraglich und noch abzuwarten. Aber es gibt ja auch noch die Flussreisen (Rhein, Mosel, Donau), die bei Senioren ebenfalls sehr beliebt sind. Auch die Teilnahme an Besuchen im Rahmen von Städtepartnerschaften sind bei den Senioren sehr begehrt.

Reisen bildet, weil Sie über den Tellerrand Ihres Alltags hinausschauen, dadurch lässt sich ein Selbstbildungsprozess aktivieren, indem die täglichen Einflüsse durch neue Erfahrungen und andere Sichtweisen ersetzt werden. Ferner werden Vorurteile, Klischees über andere Länder und Leute, die sich durch Erzählungen und Dokumentationen auch im TV gebildet haben, abgebaut. Halten wir es mit Alexander von Humboldt, einem Wissenschaftler und Forschungsreisenden, der sagte: **„Die gefährlichste aller Weltanschauungen ist die Weltanschauung der Leute, welche die Welt nicht angeschaut haben".** Sie können vorher Gelerntes aus Büchern, Reiseberichten oder durch Sprachen selbst erleben. Darüber hinaus wirken Sie, vielleicht als Single, der Einsamkeit entgegen, erweitern Ihr soziales Netzwerk und können über die eigentliche Reise hinaus, neue Kontakte aufrechterhalten. Das Reisen verändert Sie und macht Sie auch zu einem weltoffeneren Menschen. Es schärft auch den Blick für die Dinge, die im Leben wichtig sind.

„Senioren sind der **„Wachstumsmotor des Tourismus"**, fasst eine Studie des Bundesministeriums für Wirtschaft und

Technologie zum Thema „Auswirkungen des demographischen Wandels auf den Tourismus" zusammen. Dabei geht die Studie davon aus, dass die Zahl der Urlaubsreisenden über 60 Jahre in den kommenden 10 Jahren merklich steigen wird.

Denken Sie aber daran, je älter Sie werden, umso größer werden auch die Risiken des Reisens. Insbesondere bei exotischen Fernreisen machen Sie sich über geforderte Impfungen usw. schlau. Denn wie sagte Hans Christian Andersen: **„Zu reisen ist zu leben"**.

10. Zeit für Veränderung III: Beschäftigungsmöglichkeiten, einige Beispiele

10.1 Minijobber

Viele von uns können das Arbeiten auch im Alter nicht lassen bzw. müssen auch arbeiten, um „überleben" oder etwas besser leben zu können. Die Zahlen des statistischen Bundesamtes zeigen, dass von den über 20 Millionen Rentnern etwa jeder achte einer erwerbsmäßigen Tätigkeit nachgeht. Dies trifft nicht nur auf Deutschland zu, sondern auch auf andere europäische Länder. Wie formuliert dies die Bundesagentur für Arbeit: Die „**Erwerbsneigung Älterer**" hat in den letzten Jahren überproportional stark zugenommen.

Warum dies so ist und ob dies nicht auch aus einer inneren Neigung heraus geschieht, hierfür gibt es sehr unterschiedliche Auffassungen und vielfältige Gründe. Dabei spielen, so das Institut für Wirtschaftsforschung (DIW), Altersarmut (Armutsvermeidung und Lebensstandardsicherung) auf der einen und Selbstverwirklichung auf der anderen Seite, eine nicht unerhebliche Rolle. Letzteres spricht insbesondere für die zahlreichen auch ehrenamtlichen Tätigkeiten in sozialen Organisationen (z.B. Rotes Kreuz, Caritas, Kirchen) und in z.B. den Parteien, in Gemeinde- und Stadträten, in den Vorständen von Sportvereinen u.v.m.

Insgesamt spricht vieles dafür, dass die Menschen im Rentenalter die sich bietenden Beschäftigungsmöglichkeiten auch aus intrinsischen Motiven (von innen heraus, z.B. Interesse) nutzen, denn im Schnitt sind die arbeitenden Senioren, so Untersuchungen, zufriedener als ihre nicht arbeitenden Altersgenossen. Ferner wollen Rentner auch geistig und körperlich fit bleiben (Gesundheitserhaltung) und vermissen teilweise einen geregelten Tagesablauf. Darüber hinaus sind für Senioren Werte wie Spaß an der Arbeit, Abwechslung, Verzweiflung vermeiden, Selbstverwirklichung, Freiheit, Einsamkeit vermeiden, helfen wollen, von besonderer Wichtigkeit. Vielen Senioren fehlt auch das Gefühl gebraucht zu werden sowie der Austausch und die Weitergabe von Erfahrung und Wissen an Jüngere. Dies gilt insbesondere für Alleinstehende (Singles) und für Senioren, bei denen der Partner noch arbeiten geht.

Die ökonomische Seite ist, dass Nachwuchssorgen immer größer werden und die Babyboomer-Generation (geboren in den 50er und 60er Jahre) bereits in Rente ist oder kurz davorsteht. Zwei Gründe, warum gerade auch Unternehmen ihren Focus auf ältere Arbeitnehmer legen. Aus einer repräsentativen Studie des Instituts für Arbeits- und Berufsforschung (IAB) geht hervor, dass die Gründe für die Arbeit im Alter primär auf folgende Punkte zurückzuführen sind:

1. Brauche weiterhin eine Aufgabe
2. Benötige Kontakt zu anderen Menschen
3. Habe Spaß an einer Arbeit
4. Brauche das Geld

Insgesamt ergibt sich ein differenziertes Bild der Gruppe erwerbstätiger Rentner und Personen mit Erwerbsabsicht als Minijobber im Rentenalter. Während die Mehrheit der Erwerbstätigen mit Rentenbezug gerne arbeitet oder arbeiten möchte, ist ein nicht zu unterschätzender Teil auch auf den Hinzuverdienst aus einer Erwerbsarbeit angewiesen (finanzielle Motivation und Notwendigkeit). Dies geht auch aus der jüngsten Untersuchung des Bundesinstituts für Bevölkerungsforschung hervor, dabei arbeitet jeder 5. Rentner zwischen 62 und 73 aus den beiden o.g. Hauptgründen. Dies passt zu einer Aussage von J.W. Goethe, der schrieb: **„Wenn man alt ist, muss man zeigen, dass man noch Lust hat zu leben“.**

Abschließend hierzu einige **Jobportale für Senioren**. Jobs in bestimmten Branchen gibt es tausende, diese können Sie regelmäßig googeln:

- Rent a Rentner: Unter https://app.rentarentner.de können Sie innerhalb Deutschlands kostenlos Profile anmelden und Jobs einstellen. Diese reichen von Hausmeistertätigkeiten, über Fahrdienste für z.B. Rehazentren bis hin zu Haushüter, Haushaltshilfe oder Katzensitter und Ausleihoma.
- Rentnerbörse: Auf www.rentner-boerse.de können Sie bundesweit Minijobs für Rentner und Senioren suchen oder finden, z.B. von Kassierer/in über Museumsaufsicht bis hin zu Empfangsmitarbeiter in Unternehmen.
- Bundesagentur für Arbeit: Über www.arbeitsagentur.de sind mehrere tausend Minijobs im gesamten Bundesgebiet gelistet, z.B. von der Bürokraft über Servicekraft bis hin zu Kinderbetreuung.

Und noch eins: Was Sie in Sachen Rentenversicherung oder Rentenbeeinflussung durch einen Minijob oder eine sonstige stundenweise Tätigkeit auf Honorarbasis noch wissen sollten, erfahren Sie kostenfrei beim Servicetelefon der Deutschen Rentenversicherung unter 0800/10004800 oder aber bei den Beratern der Minijobzentrale unter 0355/2902-70799.

10.2 Als Rentner selbständig

Wer heute seine Rentenzeit antritt, ist oft voller Pläne, Ideen und Kreativität, obwohl eigentlich die Erwerbs- bzw. Berufstätigkeit vorbei ist. Das muss nicht so sein, denn wer als Selbständiger im Ruhestand arbeitet, kann einerseits damit Geld verdienen, andererseits können Sie die Höhe des Hinzuverdienstes und den zeitlichen Einsatz selbst steuern, d.h. viel oder wenig arbeiten. Darüber hinaus können Sie Ihre Potenziale wie Fachkompetenz, soziale Kompetenz, organisatorische Kompetenz, die sie sich über Jahre im Beruf angeeignet haben, einsetzen und Geschäftsideen, die Ihnen schon seit Jahren vorschwebten, umsetzen sowie den Umfang des Arbeitseinsatzes selbst bestimmen. Der Minijob ist einerseits für viele Senioren und Seniorinnen ein unkomplizierter Hinzuverdienst zur gesetzlichen Rente. Wer mehr Zeit investieren und auch mehr verdienen möchte, kann sich andererseits auch freiberuflich oder gewerblich neben der Rente selbständig machen. Mit einer jahrzehntelangen Erfahrung sowie der im Laufe der Zeit gesammelten Kontakte und gepflegten Netzwerke sind Rentner oft gut verknüpft und in ihren Fachgebieten absolut kompetent.

Und noch ein interessantes Betätigungsfeld für Senioren. Zwischenzeitlich gibt es eine Vielzahl von **Firmenneugründungen** im Rentenalter, sei es als Handwerker-GbR (Gesellschaft bürgerlichen Rechts) z.B. Hausmeisterservice oder als Unternehmens- und Vermögensberater. Meist schließen sich dabei die verschiedensten Handwerksberufe, z.B. für Hausmeisterservice, „Wir reparieren Alles“ oder Berufe aus dem betriebswirtschaftlichen Umfeld zusammen, um insbesondere Kleinunternehmen zu beraten (z.B. Finanz- oder Vermögensberatung) oder betriebswirtschaftliche Beratung generell (z.B. Marketing, Personal). Auch hier bietet das Internet wichtige

Informationen, z.B. www.businessgalerie.com, www.senioren-portal.de.

Auf Portalen wie Rentnerado oder alte Profis bieten Senioren und Seniorinnen ihre Dienstleistungen aus den verschiedensten Bereichen als Freiberufler an. Dabei reichen die Angebote von IT-Beratungen, rechts- und betriebswirtschaftlicher Beratung über PR- und Öffentlichkeitsarbeit bis hin zu Babysitting und schulische Nachhilfeangebote, selbständigen Erzieherinnen und Musiklehrern oder freiberufliche Stadtführer. Über Weiterempfehlungen aus dem privaten Umfeld sowie unter Zuhilfenahme digitaler Services lässt sich ein interessantes Nebengeschäft aufbauen. Für Rentner gibt es hier eine Vielzahl von Modellen, als freier Mitarbeiter, als Freiberufler oder Handelsvertreter, als Gesellschafter einer GbR, als Gesellschafter einer GmbH u.v.m.

Wichtig ist dabei, dass Sie sich schlau machen oder machen lassen über Punkte wie z.B. Hinzuverdienstgrenzen, Krankenversicherung, steuerliche Pflichten, rechtliche Aspekte wie z.B. Gesellschaftervertrag, Fördermöglichkeiten, Businesspläne usw. Hierzu bieten Ihnen die Industrie- und Handelskammern als regionale Institutionen wertvolle Hilfestellungen ebenso die Handwerkskammern. Lassen Sie sich auch hinsichtlich Anmeldungen und Genehmigungen für Ihre Selbständigkeit beraten (z.B. IHKs und Handwerkskammern).

10.3 Ehrenamtliche Tätigkeiten

Senioren können im Alter auch ehrenamtliche Tätigkeiten wahrnehmen, und dies in einem Lebensabschnitt, in dem Sie über freie Zeit verfügen und sich möglicherweise sozial engagieren möchten. Davon profitiert einerseits in erheblichem Maße die Gesellschaft, andererseits Sie als freiwillig mitwirkender Mensch selbst. Derzeit sind in Deutschland über 30 Mio. Bürger jeglichen Alters ehrenamtlich tätig, freiwillig und unentgeltlich. Davon sind auch viele Mitbürger im Rentenalter.

Wissenschaftliche Untersuchungen hierzu zeigen: Gesundheit und Wohlbefinden nehmen zu, der Verstand bleibt rege und offenbar steigt sogar die Lebenserwartung. Das ehrenamtliche Engagement ist mit einer Verknüpfung vieler einzelner Motive verbunden:

+ **Soziale Verantwortung**: Etwas der Gesellschaft zurückgeben und persönliche Wichtigkeit für den Einzelnen
+ **Selbsterfahrung:** Möglichkeit neuer Lernerfahrung und Beitrag zur Persönlichkeitsbildung
+ **Soziale Bindung:** Anpassung an das soziale Umfeld und Möglichkeit, neue soziale Kontakte zu knüpfen
+ **Karriere**: Möglichkeit zur Aneignung bestimmter Kenntnisse und Fertigkeiten und dem Knüpfen von Arbeits- und Praxiskontakten
+ **Schutzfunktion**: Abbau von Schuldgefühlen oder eigenen Problemen (von eigenen Problemen ablenken und diesen entkommen)
+ **Anerkennung:** Wertschätzung durch das eigene soziale Umfeld und die Gesellschaft
+ **Selbstwert:** Verbesserung des Selbstwertgefühls und der Akzeptanz
+ **Gestaltungsfunktionen**: Gesellschaftliche Mitgestaltung im Kleinen
+ **Politische Verantwortung**: Hoffnung, politische Veränderungen herbeizuführen bzw. zu beeinflussen
+ **Geltungsdrang**: Anerkennung durch politische Arbeit in Stadt-, Gemeinde- und Kreisräten und gesellschaftliche Reputation oder durch eine Aufsichtsratsposition in z.B. mittelständischen Unternehmen

Allerdings sind wir von einem Run auf ehrenamtliches Engagement in Deutschland bzw. auch teilweise in Europa weit entfernt, denn nur bis zu 20% der Senioren engagieren sich freiwillig. So zeigen diverse Studien, dass die Bereitschaft zum ehrenamtlichen Einsatz im Ruhestand ganz stark von der Qualität des Erwerbslebens abhängt. Prof. Johannes Siegrist von der Uni Düsseldorf weist hierbei darauf hin, wie weit der lange Arm der Erwerbstätigkeit in die nachberufliche Phase hineinreicht. Ob sich ältere Menschen in den Dienst der Gemeinschaft stellen, hängt insbesondere vom Ausmaß des im Berufsleben erfahrenen psychosozialen Stresses ab. Diesen definiert Siegrist als Erleben geringer Kontrolle über Arbeitssituationen, wenig Entscheidungsfreiheit im Job und gleichzeitig geringer Anerkennung der im Unternehmen erbrachten Leistungen. Im Klartext heißt dies: Je einfacher die berufliche Tätigkeit war, desto seltener wird später ein Ehrenamt übernommen.

Nach einer jüngeren Studie sind über ein Drittel der Gründe für eine Beendigung eines freiwilligen Engagements auf mangelhafte Rahmenbedingungen, das angetroffene Team und die Führung sowie die fehlende gesellschaftliche Anerkennung zurückzuführen. Gerade letzteres zeigt sich sehr deutlich bei Engagements in der Flüchtlingsbetreuung, so die Aussagen zahlreicher Ehrenämtler.

Es gibt ehrenamtliche Tätigkeiten, die z.B. mit 450,- Euro monatlich vergütet werden, ehrenamtliche Tätigkeit als z.B. Stadtrat mit Sitzungsgeld und ehrenamtliches Engagement ohne Geld, z.B. Mitwirkung beim Nachmittagskaffee im Altenheim, bei der freiwilligen Feuerwehr, in kirchlichen Organisationen usw.

Wir müssen uns aber vor Augen halten, dass es altersbedingt irgendwann mal nicht mehr geht, sei es körperlich oder geistig bedingt. Daran sollten insbesondere „Senioren“ denken, die z.B. Jahrzehnte in Vorständen von Vereinen und in Gemeinde- und Stadträten sitzen, sich dort festsaugen und nicht mehr loslassen wollen. Oftmals haben diese hier die Macht und Anerkennung, die im damaligen Berufsleben fehlte. Wie sagte der Mundartdichter Hermann Lahm: **„Manche entwickeln im Ruhestand mehr Aktivität als zu Berufszeiten.** Aber: In der Zeit nach solchen Engagements, z.B. bei einem 80Jährigen, entsteht wieder ein zeitliches Vakuum, das möglichst sinnvoll gefüllt werden sollte/möchte, d.h. neue Ängste.

Und noch ein paar Worte zum europäischen Vergleich in Sachen Ehrenamt: Im Norden Europas hat ein freiwilliges Engagement für die Gesellschaft im Alter einen höheren Stellenwert als im stark familienzentrierten Süden und Osten. Dabei zeigt sich, dass kulturelle Unterschiede die Unterschiede beim ehrenamtlichen, freiwilligen Engagement im Alter nur teilweise erklären. Großen Einfluss haben im Süden, nach Prof. Siegrist, demnach Armut, soziale Ungleichheit und die Arbeitsbedingungen als im Norden. Wer während seines Arbeitslebens gute Arbeitsbedingungen, Anerkennung und Wertschätzung durch Vorgesetzte genossen hat, senkt negativen Stress im Beruf und reduziert psychosoziale Belastungen. Daraus resultiert auch ein Appell aus der Wissenschaft: Unternehmen sollten älteren Mitarbeitern helfen, Perspektiven für die Zeit nach der Arbeit zu entwickeln, mit dem Ziel, einen enttäuschten oder gar verbitterten Rückzug aus dem Berufs- und Arbeitsleben zu vermeiden. Wer gesünder und vor allem identifizierter ausscheidet, ist eher geneigt, der Gesellschaft, in der er groß geworden ist und sich entwickeln durfte, durch ehrenamtliche Tätigkeit danach etwas zurückzugeben. Denkanstöße für die Politik, die Unternehmen und das Management.

Wie es insgesamt um den ehrenamtlichen Einsatz in Deutschland bestellt ist, zeigt der Deutsche Freiwilligensurvey. Diesen Bericht erstellt das Deutsche Zentrum für Altersfragen in Berlin regelmäßig im Auftrag des Bundesfamilienministeriums. Die häufigsten Motive für das Ehrenamt in Deutschland sind dabei: Spaß an der jeweiligen Tätigkeit, die Chance, etwas für das Gemeinwohl zu tun, die Gelegenheit, den eigenen Horizont zu erweitern und neue Fähigkeiten zu erlernen und Gleichgesinnte kennenzulernen.

Bei der Suche nach einem für Sie passenden Ehrenamt helfen Ihnen mehr als 500 Freiwilligenagenturen (Bundesarbeitsgemeinschaft der Freiwilligenagenturen e.V. – www.bagfa.de) und über 350 Seniorenbüros (Bundesarbeitsgemeinschaft Seniorenbüros – www.seniorenbueros.org, sowie in www.senioren-der-wirtschaft.de).

Ehrenamtliche Aktivitäten können für jeden einzelnen eine Bereicherung Ihres „neuen Lebensabschnittes sein. Dabei können Sie oftmals aus den Vollen schöpfen, was die Art der Tätigkeit angeht. Gefragt sind bspw. in besonderem Maße ehrenamtliche Arbeiten in der Telefonfürsorge, in der Sterbebegleitung im Hospiz, als Patientenfürsprecher oder Hausaufgabenbetreuung in Grundschulen. Für viele Ehrenämter werden Sie vorher meist durch speziellen Vorbereitungskurse geschult und vorbereitet. Mit Ihrer Lebenserfahrung und Ihren Kompetenzen aus der beruflichen Arbeit können Sie in diesen Ehrenämtern sehr viel bewirken und Gutes tun. Und was sagt Franz Kafka, ein deutschsprachiger Schriftsteller dazu: **„Jeder, der sich die Fähigkeit erhält, Schönes zu erkennen, wird nie alt werden“.**

Übrigens: Sie müssen gar nicht so weit gehen, nehmen Sie Kontakt auf mit ihrem örtlichen Gemeindebüro, ihrer Stadtverwaltung, ihrer Kreisverwaltung oder ihren ortsansässigen Vereinen oder kirchlichen Organisationen. Hier werden ebenfalls immer wieder ehrenamtlich aktive Seniorinnen und Senioren gesucht.

11. Zeit für Veränderungen IV – Verhaltensanregungen

Neben diesen Beschäftigungsmöglichkeiten im Alter wie Studieren, Weiterbilden, Ehrenamt, Minijob, u.v.m gibt es jetzt für Senioren noch eine Reihe von Verhaltensanregungen für den Rentenalltag, die für ein gesundes und vor allem auch abwechslungsreiches Altern wichtig sein können und die wir vielleicht verlernt haben oder nicht mehr so daran denken. Schon die griechische Philosophie wusste, so Sokrates oder Platon, dass es drei Arten gibt, um Tugenden und Verhaltensweisen auch im Alter zu lernen: **Übung, Übung und nochmals Übung**. Und das so lange, bis Sie dies verinnerlicht haben und umsetzen. Nachfolgend beschriebene Verhaltensanregungen sollen als Denkanstöße dienen, die die Rentenzeit attraktiver und lebenswerter machen und bestimmte Gewohnheiten aufbrechen helfen.

11.1 Einsamkeit vermeiden und soziale Beziehungen prüfen und festigen

Wir Menschen sind unter den Säugetieren die Art, die besonders auf ein Leben in einer Gemeinschaft, ein Leben mit anderen, ausgerichtet ist. Schon der griechische Philosoph Aristoteles bezeichnete den Menschen als „Gemeinschaftstier". Prof. Daniel Kahneman, ein amerikanischer Nobelpreisträger und Psychologe, stellte schon vor Jahren in seinen Untersuchungen fest, dass die Menschen ca. 80% ihrer erlebbaren Zeit (ohne Schlafenszeit) zusammen mit anderen Menschen lieber in einer Gemeinschaft, als alleine, verbringen.

In Deutschland gibt es ca. 42 Mio. Haushalte, dabei sind rd. 17 Mio. Singlehaushalte. Interessant ist, so Prof. Manfred Spitzer, ein Neurowissenschaftler der Uni Ulm, dass im Laufe des gesamten Lebens eines Menschen die Einsamkeit nicht in gleichem Maße auftritt. Er unterscheidet zwei Phasen, in denen diese besonders häufig vorkommt, in der Jugend und im Alter, mit unterschiedlichen Ursachen und Folgen. Der Stellenwert von Ehe und Familie hat in den letzten Jahrzehnten abgenommen und damit die Einsamkeit der Menschen zugenommen. Ferner gibt es immer mehr ältere Menschen und immer mehr Menschen leben im Alter allein. Dies trifft bundesweit auf etwa 40% der Bevölkerung ab 65 Jahre zu. Davon sind 85% Frauen (höhere Sterbeziffer bei Männern). In diesem Zusammenhang wird häufig über Einsamkeit und soziale Isolation im Alter diskutiert, dies ist nicht identisch, hat aber Schnittmengen. So kann sich jemand einsam fühlen, obwohl er nicht sozial isoliert ist. Im Gegenzug dazu kann jemand sozial isoliert sein, ohne sich einsam zu fühlen. Soziale Isolation beschreibt i.d.R. einen Mangel an sozialen Kontakten, eine sehr geringe Zahl und Dauer von sozialen Kontakten, z.B. einmal monatlich Treffen mit dem Jahrgang meiner Schule.

Zufriedenstellende Beziehungen sind in allen Lebensphasen, so insbesondere im fortgeschrittenen Alter, eine notwendige Bedingung für eine gesunde seelische und körperliche Entwicklung des Menschen. Das seelische und auch das körperliche Wohlbefinden sind stark abhängig von dem Eingebundensein in ein Netz befriedigender sozialer Bedingungen und Beziehungen, denn Einsamkeit ist Ausdruck und Warnzeichen einer Beziehungsgestörtheit, Einsamkeit ist ein Leiden des Menschen an der sozialen Umwelt. Damit zeigt sich sehr deutlich, dass die Einsamkeit einerseits einen emotionalen (gefühlsbedingten – psychologischen) als auch einen sozialen Aspekt beinhaltet. Die Ordensschwester Mutter Teresa sagte hierzu: **„Die schlimmste Armut ist Einsamkeit und das Gefühl, unbeachtet und unerwünscht zu sein“.**

Im Alter ist besonders wichtig die Unterhaltung sozialer Netzwerke, um der Einsamkeit und der sozialen Isolation gegenzusteuern. Solche Netzwerke im außerfamiliären Bereich könnten sein: beste Freunde – gute Freunde – Bekannte. Prof. Spitzer führt hierzu an, dass sich diese Netzwerke einander in ihrer Größe/Anzahl bedingen. Wer viele beste Freunde hat, hat auch eher viele gute Freunde und viele Bekannte. Frauen sind in diesem Zusammenhang bekanntermaßen sozial kompetenter als Männer, sie haben daher auch im Durchschnitt größere soziale Netzwerke als wir Männer. Ferner ist bekannt, dass in diesen Netzwerken Männer mehr Männer als Freunde und Frauen mehr Frauen als Freunde und Bekannte haben. In diesem Zusammenhang bestimmt die Zahl der besten Freunde ganz wesentlich, wie einsam sich jemand fühlt. Allerdings wird das soziale Netzwerk im Alter i.d.R. kleiner.

Wichtig ist, dass zum Kreis der besten Freunde nicht jemand zählen kann, den ich erst als Neumitglied kürzlich in einem Sportverein kennengelernt habe. Die Zugehörigkeit zum Kreis der besten Freunde muss man sich im Zeitablauf verdienen und muss wachsen, und dies kann Jahre dauern. Dies trifft meist auch für die Zugehörigkeit zum Kreis der guten Freunde zu. Neben der Quantität unserer sozialen Kontakte ist die **Qualität** wichtiger, gesehen in Personen, die mit mir durch dick und dünn gehen, die stets hilfsbereit und ansprechbar sind, die auch in gesundheitlich schlechteren Phasen die sozialen Kontakte zu mir aufrechterhalten und vorleben und mit hohem Einfühlungsvermögen (Empathie) ausgestattet sind. Für eine echte Freundschaft braucht es ein gutes Fundament, das sich über Jahre entwickelt. Derartige Kontakte sind etwas ganz persönliches, viel wichtiger als 100 virtuelle Freunde und Bekannte in einem Online-Netzwerk. Wie sagte der Publizist Peter Schumacher: **„Eine zwischenmenschliche Beziehung arbeitet nicht für Dich, Du musst für sie arbeiten“.**

Ferner ist in diesem Zusammenhang wichtig, dass Sie sich trotz jahrelanger Bekanntschaft oder gar Freundschaft im Alter von Personen trennen, die Ihnen heute nicht mehr guttun und die nicht mehr in Ihre Lebensphilosophie und ihre Lebensplanung passen und andere Interessen verfolgen, zu den Pessimisten zählen und permanent andere attackieren und provozieren. Ständige Besserwissen, Autokraten und permanent Belehrende, Personen mit hoher Selbstbezogenheit (Narzissten), die Sie nicht mehr bzw. schwerlich ertragen können, die schlecht über Sie reden, die Sie hintergangen haben, die Ihnen permanent ihren Willen aufzwängen und Sie „vollquatschen“ (Vielsprecher, bei denen Reden zwanghaft ist), die Sie somit psychisch belasten, diese sollten Sie möglichst meiden und von denen sollten Sie sich trennen. Insofern lässt sich mein Netzwerk im außerfamiliären Bereich durchaus erweitern um die Rubrik „Feinde“ oder „Unerwünschte“.

Neben diesen außerfamiliären Netzwerken spielt auch die Familie eine wichtige Rolle in Sachen Quantität und Qualität meiner Sozialkontakte im Alter. In Sachen Quantität lässt sich auch hier eine Art Netzwerkstruktur erkennen in Richtung nahe Verwandte und erweiterte Verwandtschaftsgrade, mit vielen oder seltenen Sozialkontakten, z.B. zu den Kindern oder zu den Cousinen, in näherer oder weiteren Umgebung. In Sachen Qualität gibt es viele Ausprägungen, von total zerstrittenen und sich aus dem Weg gehenden Partnern, Geschwistern, Eltern, Kindern bis hin zu Generationen übergreifenden Verbindungen, in denen Sie sich sozial ausleben können. Und denken Sie daran: Soziale Beziehungen in der Familie bieten emotionale Unterstützung, instrumentelle Hilfen und auch möglicherweise finanziellen Beistand im Alter.

Viele Menschen im entwickelten Deutschland leiden zunehmend unter Einsamkeit. Seit Jahrzehnten leben wir in immer kleineren Haushalten und kleineren Wohnungen und legen nicht mehr so viel Wert auf Gemeinschaft, wie dies sehr häufig den südeuropäischen Ländern durch den starken familiären Zusammenhalt zugesprochen wird. Wir erziehen unsere Kinder und Enkel in geringerem Maße zu Gemeinschaftswesen. Untersuchungen zeigen sehr deutlich, dass z.B. gemeinsames Abendessen oder gemeinsame Aktivitäten in und mit der Familie oftmals rar geworden sind. **„Einsamkeit hat Konjunktur“**, daher müssen wir dieser sehr viel mehr Aufmerksamkeit schenken, da sie oft gefährlicher ist, als andere Gebrechen. Gerade im vorgerückten Alter ist nichts gesünder, als die aktive Teilnahme an der Gemeinschaft mit anderen Menschen. Dies wird auch oftmals ersetzt durch ein Haustier wie Katze oder Hund. Wir müssen frühzeitig anfangen, soziale Fähigkeiten zu trainieren, Kontaktmöglichkeiten intensivieren und soziale Unterstützung (Geben und Helfen) anbieten. Und wer diesen Gemeinschaftssinn und das Mitgefühl mit anderen nicht schon frühzeitig erkannt und gelernt hat, wird es im Alter schwer haben. Und denken wir immer daran, nur **soziale Online-Medien machen gemeinsam einsam**. Kommunikation, Verbundenheit und Gemeinschaft zählen zu den Hauptquellen menschlichen Wohlbefindens insbesondere im Alter. Da wir Menschen Gemeinschaftswesen sind, bereitet uns Einsamkeit Stress und Gemeinschaft Freude. Aus diesem Grunde führen Verhaltensweisen, die auf mehr Gemeinschaft hinauslaufen, zu weitaus größerem Wohlbefinden. Der US-amerikanische Erfinder und Unternehmer Thomas Alva Edison sagte über das Thema: **„Um klar denken zu können, muss ein Mensch regelmäßig Perioden der Einsamkeit planen, in denen er sich konzentrieren und ohne Störung seiner Phantasie nachgehen kann“.** Dies bezieht sich aber mehr auf punktuelle Einsamkeitsphasen auch in einer Beziehung.

Merken Sie sich: Beziehungen zu anderen sind Bestandteil des Glücksnetzes von Menschen. Soziale Kontakte verlängern das Leben, so Altersforscher Prof. Glass von der Harvard-Universität, und haben großen Einfluss auf alle Lebensbereiche. Dabei benötigen wir vielfältige Beziehungen zu den unterschiedlichsten Menschen, wie über soziale Netzwerke, Kontakte suchen über z.B. Small Talks, Kontakte pflegen mit Menschen, die Sie mögen (aber trotzdem nicht zu sehr klammern) und Sympathie zu streuen (zuhören, Gefühle respektieren, von anderen lernen) usw. Prof. Rosenmayr, ein österreichischer Altersforscher, meint: Wir sind als WIR geboren durch das Eintreten in eine Familie, in die Gesellschaft, in einen sozialen Raum, wir wollen auch als WIR abtreten. Dies ist ein Stück Generationengerechtigkeit, die es generell neu zu überdenken gilt.

11.2 Gefühle zeigen

Das Zeigen und Ausdrücken von Gefühlen, von Emotionen, ist auch im Alter ganz wichtig. Sie beeinflussen das Zusammenleben mit unseren Mitmenschen und geben uns schnelle Orientierung, bahnen auch schneller Kontakte an. Dies zeigt sich schon daran, wie Sie auf andere zu- und eingehen auch wie Sie bei Anderen im Rahmen des Kontaktverlaufes wirken. Im Übrigen ist dieses Thema für viele von Ihnen nichts Neues. Auch schon während Ihrer Berufstätigkeit war dies ein wichtiger Punkt im Umgang mit Kollegen und Führungskräften sowie Kunden.

Im Verlauf unserer emotionalen Entwicklung in der Jugend und der Berufsausbildung haben wir uns eine Reihe von Fertigkeiten angeeignet, durch die wir unsere Gefühle mimisch (z.B. Gesichtsausdruck, lächeln, Augenkontakt) und durch Gesten (z.B. Bewegungen mit den Händen und Armen) sowie auch durch die Sprache (weich, laut, leise, aggressiv, sanft) ausdrücken. Darüber hinaus haben wir auch gelernt, die Gefühle anderer zu erkennen und evtl. zu verstehen sowie sich in deren Gefühlwelt zu versetzen (Empathie zeigen) und auch Einfluss auf deren Emotionen (Motivation) nehmen zu können. Dies wird auch als **emotionale Kompetenz** bezeichnet. Der Psychologe Daniel Goleman hat hierzu 1995 den Begriff der emotionalen Intelligenz formuliert. Er sieht diesen Begriff in folgenden Merkmalen, die unsere Gefühlswelt ausmachen, verwirklicht: Selbstwahrnehmung, Selbstregulierung, Motivation, Empathie/Mitgefühl sowie soziale Fähigkeiten.

Wie sagte schon Dalai Lama, der bekannteste buddhistische Mönch: **„Liebe und Mitgefühl sind Voraussetzungen, keine Luxusgüter. Ohne sie kann die Menschheit nicht überleben“.**

Untersuchungen zur Altersforschung zeigen, dass Senioren seltener beziehungsschädliche Emotionen entwickeln, wie z.B. Feindseligkeit oder Verachtung, dagegen nimmt die Traurigkeit zu. Ein emotionaler Vorteil im Alter ist, dass Ärger und Wut einen geringeren Stellenwert einnehmen. Älteren Menschen gelingt es besser, mit ihren Mitmenschen zu fühlen, wenn diese von einem schlimmen Erlebnis erfahren. Sie zeigen eine große Hilfsbereitschaft und ein hohes Einfühlungsvermögen. Dies ist auch ein Grund für die hohe Beziehungszufriedenheit im Seniorenalter.

Wichtig ist, dass Sie positive Gefühle (z.B. Sympathie, Freude) und negative (z.B. Aversionen, Ängste) bei sich und anderen wahrnehmen können, eigene Gefühle ausdrücken können, Gefühle anderer empathisch nachvollziehen und sich hineinversetzen können. Mitgefühl ist die Fähigkeit, das Gefühl eines anderen nachzuempfinden. Dabei geht es um Empathie, um Solidarität oder aber um echte Zuneigung, wenn ich Mitgefühl zeige. Es geht nicht um Mitleid. Jetzt gilt es für Sie damit zu arbeiten und dies umzusetzen. Damit verschaffen Sie sich auch ein hervorragendes Verständnis und ein entsprechendes Standing in Ihrem sozialen Umfeld und nur so können Sie mit anderen intensiver ins Gespräch kommen und mitdiskutieren. Gefühle, emotionale und soziale Kompetenzen haben somit über das ganze Leben hinweg wichtige Funktionen und tragen zum Wohlfühlen im Alter bei. Halten wir es mit Carl Spitteler, einem Schweitzer Dichter und Nobelpreisträger, der sagte: **Menschen zu finden, die mit uns fühlen und empfinden, ist wohl das schönste Glück auf Erden".**

11.3 Zuhören können

Das Zuhören gehört schon seit Jahrzehnten zu den Schlüsselqualifikationen eines Menschen, sei es im Beruf oder im Alltag, sei es bei jungen Menschen oder Senioren. Leider findet aktives Zuhören gerade im Alltag, in der Partnerschaft, mit Freunden oder Kindern oft zu wenig statt bzw. fristet ein Schattendasein, so psychologische Studien. Aussagen wie „Du hörst mir ja gar nicht zu", „Ich rede heute wieder gegen eine Wand" oder „Ich sehe es Dir an, dass Dich dies nicht interessiert" dokumentieren Frustcharakter, wenn wir uns nicht ernst genommen oder unverstanden fühlen.

Hören ist nicht gleich hören. Meist finden wir die Unterscheidung zwischen „Hören", „Hinhören" und „Zuhören". Zuhören signalisiert aktive Bereitschaft, ist eine wesentliche Voraussetzung jeglicher Kommunikation, um das Anliegen meines Gesprächspartners richtig zu verstehen und eine Vertrauensebene aufzubauen. Zuhören will gelernt sein. Des Öfteren hören wir bei der Charakterisierung eines Menschen „Er ist ein guter Zuhörer". Wie heißt ein altes Sprichwort **„Nicht jeder der hören kann, kann auch zuhören".**

Eine der wichtigsten Informationsquellen ist das „Zuhören". Aktives Zuhören heißt dabei, die Wahrnehmung dessen, was der andere kommuniziert. So entsteht durch aufmerksames Zuhören Gemeinsamkeit und Identifikation mit einem Thema. Damit wird ein Dialog, ein Gedankenaustausch, mit meinen Gesprächspartnern ermöglicht. Und dafür muss ich etwas tun, nicht nur den Gegenüber ausreden lassen. Wie sagte schon der Schweitzer Dichter Gottfried Keller: **„Mehr zu hören, als zu reden, solches lehrt uns die Natur: Sie versah uns mit zwei Ohren, doch nur mit einer Zunge"**. Auch zuhören können ist eine Form der Empathie und damit emotionale Intelligenz. Jemandem zuhören heißt sein Gehör schenken, seine Achtsamkeit und Beachtung, Wertschätzung und Respekt und dies ist im Alter ganz wichtig. Zuhören ist eine auch emotionale Unterstützung, und diese brauchen wir ganz besonders im vorgerückten Alter.

Zuhören können ist der halbe Erfolg, dies wird häufig behauptet. Gekonntes Zuhören ist ein nicht unbeträchtlicher Erfolgsfaktor in jedem Gespräch. Doch die Erfahrung zeigt, dass nur die wenigsten Menschen über die Gabe des stillen, nachdenklichen Zuhören-Könnens verfügen. Dies ist wiederum Voraussetzung, um sich in die Gedankengänge anderer Menschen hineinversetzen zu können und den Gegenüber zu verstehen. Unser Zuhörverhalten ist meist nicht das Ergebnis angemessener Übung, vielmehr der Mangel an Übung. Im Alltag wird das Zuhören oft erschwert durch das Durcheinanderreden in einer Gruppe, das Sprachverhalten (langsam, leise, schnell) mancher Menschen, das ständige ins Wort fallen und korrigieren/ergänzen von Sätzen und generell durch Menschen, die sehr viel und lautstark sprechen, also an „Sprechdurchfall" leiden. Hier ist es wichtig, einzugreifen, ausreden zu lassen, Redebeiträge zu steuern oder sich zurückzuziehen.

11.4 Selbstgespräche zulassen

Jeder redet mal mit sich selbst, führt ein Selbstgespräch. Über den Sinn und Zweck dieser Gesprächsform wird in Publikationen sehr unterschiedlich diskutiert. So hören wir einerseits, dass Selbstgespräche auch ein Anzeichen für psychische Störungen sein können, krankhaft werden können oder aber nicht unbedingt normal sind. Dies hängt natürlich auch von der Intensität und der Häufigkeit dieser Form der Kommunikation mit sich selbst ab. So werden insbesondere in Singlehaushalten häufig aus Gedanken darüber, was z.B. heute einzukaufen ist, Worte an sich selbst gerichtet. Aus psychologischer Sicht sind solche Selbstgespräche ganz normal und können sogar hilfreich sein, denn Sie können sich Dinge besser merken, wenn Sie vor sich hinreden und diese aufzählen. Wir kennen dies aus der Lernpsychologie beim Lernen von Fremdsprachen: Durch das „sich selbst hören", ergibt sich ein besserer Behaltenseffekt und dient als Gedächtnis- und Konzentrationstraining. Was sagte schon Herbert George Wells, ein englischer Essayist des 19. Jg.: **„Interessante Selbstgespräche setzen einen klugen Partner voraus".**

Der Psychiater Prof. Dirk Wedekind von der Uni Göttingen meint hierzu, dass dieser Merkeffekt hierdurch ein anderer ist, wie wenn Sie sich dies nur in Gedanken vorstellen. Selbstgespräche können hier hilfreich sein, durch Autokommunikation Gedanken und Gefühle zu ordnen. Autokommunikation impliziert Kommunikationsprozesse, in denen eine Person sich selbst anspricht. Dieselbe Person ist dabei sowohl Sender als auch Empfänger einer Information. Diese Form der Kommunikation mit sich selbst dient einerseits gedächtnisstützend (einprägen von Inhalten) und wird andererseits oft von Künstlern wie Schauspielern vor dem Spiegel stehend genutzt, als eine Art „Perspektive des Publikums". Und sie hat einen Vorteil: **„Es wiederspricht niemand".**

Gute Bespiele für Selbstgespräche sind bei Leistungssportlern zu finden, die sehr häufig im Dialog mit sich selbst Bewegungs- und Arbeitsabläufe nochmals laut durchgehen. Selbstgespräche haben auch Motivationskraft, indem ich mich laut ansporne: „das schaffe ich", „wäre ja gelacht", „der hat keine Chance" u.v.m. Diese Gespräche werden genutzt, um die Motivation und die Konzentration zu steigern, aber auch zum Angstabbau „Ich entspanne mich…" oder „Ich spreche mir Mut zu …", indem Sie bejahende Botschaften an sich selbst senden, die Sie laut vor sich hinsagen.

Den Experten der Psychologie zufolge kommt es bei Selbstgesprächen auf das richtige Maß an. Immer wieder mal und in den richtigen Situationen mit sich selbst zu sprechen wird positiv gedeutet, unkontrollierte Selbstgespräche stehen häufig mit Krankheiten in Verbindung. Gerade ältere Menschen, und insbesondere auch Singles, sollten kurzzeitig auch aus o.g. Gründen regelmäßig mit sich selbst sprechen, denn, so der griechische Philosoph Plato: **„Das Denken ist das Selbstgespräch der Seele".**

11.5 Erneut intensiv Lesen lernen

Schon eingangs haben wir darüber gesprochen, dass viele angehende Senioren, die aus dem Beruf ausscheiden, sich auf das Lesen von über Jahre gesammelter fachlicher Literatur bis hin zu schöngeistigen, sehr umfangreichen Büchern und sonstiger Literatur freuen, denn dies war durch die Arbeit und die dadurch fehlende Zeit und die Mußestunden nicht so gegeben. Dies bestätigen sehr häufig die Aussagen von zahlreichen Senioren. Bücher lesen sei, so die Anmerkungen, somit auch Bestandteil der Life Balance im Ruhestand, ein Stück Einkehr in sich selbst und genießen der Ruhe um einen herum. Ferner natürlich auch eine geistige Bereicherung.

Nur halten wir an dieser Stelle fest, wer über Jahre oder gar Jahrzehnte kein komplettes Buch von der ersten bis zur letzten Seite gelesen hat, wird dies auch im Alter nicht tun, denn das Lesen von umfangreicher Literatur, sei diese fachlich oder schöngeistig ausgerichtet, ist anstrengend (Wort für Wort, Zeile für Zeile lesen), erfordert hohe Selbstdisziplin und Ruhe sowie Durchhaltevermögen und viel Verständnis für das zu Lesende. Ferner wird bei kapitelweisem Lesen mit Pausen das Verknüpfen von Inhalten, der Wissenstransfer, erwartet. Wie sagte schon der deutsche Philosoph Artur Schopenhauer: **„Lesen heißt mit einem fremden Kopfe, statt des eigenen, zu denken".**

Ein komplettes Buch, nach Abstinenz über viele Jahre hinweg, zu lesen, bedeutet, je nachdem, was Sie auch beruflich gemacht haben, wieder **„Lesen lernen"**. Dabei geht es nicht nur um den reinen Lesevorgang, wichtig ist vielmehr, die Inhalte verstanden und verarbeitet sowie miteinander verknüpft zu haben.

„Nicht jeder der lesen kann, kann lesen", lautet eine alte Leseweisheit. Das Lesen eines Buches, insbesondere eines interessanten Fachbuches aus Politik, Wirtschaft, Technik, Philosophie u.v.m. bedeutet, etwas Geschriebenes inhaltlich und geistig in sich aufzunehmen. Lesen bedeutet also auch den Sinn des Gelesenen zu erfassen. Dies trifft insbesondere für ein Fachbuch zu, denn gerade hier gilt es, Wort für Wort, Satz für Satz und Abschnitt für Abschnitt zu erfassen, zu verarbeiten und Sinnzusammenhänge zu erkennen.

Lesen Sie ein Fachbuch, das Sie derzeit interessiert (z.B. über Umweltpolitik, Fahrzeugtechnik), lesen Sie ruhig unhörbar mit Lippenbewegungen oder bestimmte Textpassagen gar laut, denn gerade zum Einstieg in ein neues Wissensgebiet (z.B. der Coronavirus und seine wirtschaftlichen Auswirkungen) kann oftmals über das „Sich-selbst-hören" die Erkenntnis bzw. das Verständnis für das Geschriebene gewonnen werden. Dies hemmt zwar die Lesegeschwindigkeit, aber Verstehen geht vor Schnelligkeit und Zeit haben wir doch. Unterstreichen Sie beim Lesen wichtige Worte und Textpassagen, denn Visualisiertes bleibt auch im Gedächtnis eher haften. Wie sagte schon der österreichische Kommunikationswissenschaftler Paul Wazlawik: **„Der Mensch ist ein Augentier"**, wir nehmen mehr Visualisiertes, bildhaft Dargestelltes, als Gesprochenes auf. Denken Sie immer daran: Wir müssen nicht mehr „Lesen müssen", so wie es vorher noch für die Ausübung der verschiedensten beruflichen Tätigkeiten gefordert war.

In der Regel haben wir Senioren jetzt viel mehr Zeit, um zu schmökern. Allerdings wird uns die Lust am Lesen oftmals durch fehlende Konzentration und evtl. auch nachlassende Sehkraft verdorben. Bei uns Senioren wird durch die Auseinandersetzung mit Texten insbesondere neben der Konzentrationsfähigkeit, der Sprachgebrauch und der Wortschatz geschult. Dafür reicht es aber nicht aus, nur einmal im Jahr ein Buch in die Hand zu nehmen.

Das Lesen von Büchern hat gerade im Alter viele Auswirkungen auf Körper und Geist, so Wissenschaftler der Yale University. Es fördert nicht nur unsere Vorstellungskraft, sondern regt auch die Phantasie an, hilft uns zu entspannen und vermittelt auch neues Wissen und macht neugierig sowie vielleicht Lust auf mehr. Wer regelmäßig im Alter liest, stimuliert seine Gehirnzellen, trainiert die kognitiven/geistigen Fähigkeiten und verbessert die Sprache, sein Vokabular sowie die Konzentrationsfähigkeit. Selbst die emotionale Intelligenz wird verbessert, so die Forschungsergebnisse dieser Studie. Dabei reicht ein Kapitel pro Tag in einem Buch. Diese positiven Wirkungen werden nur durch das Lesen eines Buches erreicht, dies gilt nicht für Zeitungen oder Zeitschriften. Der Grund hierzu, so die Wissenschaft: Beim Lesen eines Buches lässt sich der Leser viel tiefer auf den Inhalt des Textes ein, als dies bei Zeitungen der Fall wäre. Die Leseexperten bezeichnen diesen Zustand als „Deep Reading". Übrigens: Ältere Menschen lesen häufig besser von einem Tablet, da hier die visuellen Kontraste größer sind.

Der französische Philosoph Voltaire sieht im Lesen noch einen weiteren Vorteil, und der ist auch für uns Senioren ganz wichtig. Er sagte: **„Lesen stärkt die Seele"**.

11.6 Lachen können und Humor haben

Schon Immanuel Kant, ein deutscher Philosoph des 18. Jg. sagte: **„Der Himmel hat den Menschen als Gegengewicht gegen die vielen Mühseligkeiten drei Dinge gegeben: Die Hoffnung, den Schlaf und das Lachen".** Es ist zwischenzeitlich nachgewiesen, dass Humor den Menschen im Alltag und in jedem Alter belastungsfähiger macht und Lachen eine meditative Pause fürs Gehirn schafft. Lachen ist Bewusstseinserweiterung. Lachen ist wie Niesen, mit einem wichtigen Unterschied, es lässt sich verlernen. Die Sorge, dass uns das Lachen vergeht, insbesondere in der heutigen Zeit, bewegt sehr viele Menschen, nicht nur uns Senioren.

Durch viele Geschichtsbücher hindurch finden sich große philosophische Traditionen, die erkennen lassen, welchen Stellenwert das Lachen, der Spaß und der Humor für einen ausgewogenen Lebensstil einnehmen. Bereits in der Antike war Humor, abgeleitet aus dem lateinischen Wort für „Flüssigkeit", das Mittel der Heiler, die Körpersäfte in die Balance bringen. Inzwischen ist die „science of pleasure" eine weltweit anerkannte Disziplin. Untersuchungen hierzu zeigen, dass der Sinn für Humor besondere geistige Fähigkeiten erfordert und im sozialen Zusammenleben eine entscheidende Rolle spielen. Hintergrund dieses Interesses am Humor ist eine noch junge Wissenschaft, die sich mit dem Lachen beschäftigt, die **Gelotologie**, aus dem griechischen Gelos = Lachen. Und wir Deutsche lachen sehr wenig im Vergleich zu anderen Ländern, so Prof. Martin Seligman, ein bekannter amerikanischer Psychologe. Haben wir nichts zu lachen?

Im Jahr 1900 wies der französische Philosoph Henri Bergson auch auf die **soziale Funktion des Lachens** hin mit den Worten: „**Unser Lachen ist stets Lachen einer Gruppe. Das freieste Lachen setzt immer ein Gefühl der Gemeinschaft, fast möchte ich sagen, die Hehlerschaft mit anderen Lachern voraus**".

Die amerikanische Professorin und Neurobiologin Lise Eliot hält dieses soziale Lächeln für einen wichtigen Meilenstein der Entwicklung. **Positive Psychologie** heißt ein Trend, der aus den USA kommt und sich mit Witz, Lachen und Humor und deren Auswirkungen beschäftigt. Dabei beschäftigt sich dieses psychologische Feld mit positiven Aspekten des Menschseins wie z.B. Glück, Vertrauen, Optimismus und auch Lachen sowie Humor als Charakterstärken. Positives Denken scheint im Menschen solche Kräfte zu verstärken, die es verhindern, dass er Patient wird. Einige Wissenschaftler halten das Lachen für die älteste Form der Kommunikation, eine Art nonverbales Esperando, eine für alle Nationen verbindliche Sprache, die Menschen verbindet. „**Die kürzeste Verbindung zwischen zwei Menschen ist ein Lächeln**". Und über die gleichen Dinge lachen zu können, erleichtert das Zusammenleben und den Teamgeist ganz erheblich.

„**Lachen ist die beste Medizin**", dies ist nicht nur eine Redensart. Lachen, so Ergebnisse zahlreicher amerikanischer Untersuchungen, erhöht einerseits die Atmungskapazität und den Sauerstoffaustausch im Blut, andererseits die Muskelaktivität und die Herztätigkeit, einfach ausgedrückt: Lachen gleicht einer sportlichen Tätigkeit und ist für unsere Gesundheit außerordentlich wichtig. Eine humorvolle Lebenseinstellung ist eine wesentliche Vorbeugung gegen Herzkrankheiten, Depressionen und Stress.

Lachen ist die Reaktion auf heitere bzw. komische Erlebnisse. Lachen wird als Ausdruck bestimmter Stimmungslagen bezeichnet, z.B. freudig, albern, ironisch, kindisch, zynisch aber auch verzweifelt und als soziale Reaktion wie ein freundliches Grußlächeln, ein ansteckendes Lachen. Am Lachen lassen sich auch Emotionen erkennen, lachen kann laut aber auch leise und verschmitzt erfolgen. Daher kennen wir auch den Ausspruch **„Ich bin fast umgefallen vor Lachen"**. Ferner gibt es auch Menschen, die kein Lachen offen zeigen, die zum Lachen in den Keller gehen. Lachen ist gesund heißt ein altes Sprichwort, es wirkt sich positiv auf unsere Gesundheit aus. Lachen ist körperinternes Jogging, denn es ergreift den gesamten Körper.

Lachen soll nichts Erzwungenes sein, lachen ist auch nur bedingt lernbar (z.B. durch Lachseminare, Lachjoga, Lachtherapie), lachen muss von Innenheraus kommen und wir müssen es wollen. Lachen darf nichts Funktionalisiertes sein, ich lache einfach mal mit, weil andere auch lachen, obwohl mir nicht zum Lachen ist. Verlernen Sie das Lachen nicht, denn Lachen und Ausgelassen sein schenkt mehr Lebenszeit. Das Zwerchfell wird massiert, Stresshormone werden abgebaut, das Immunsystem wird gestärkt und stellt den Menschen auf gesund um.

Und jetzt kommt noch der **Humor** dazu, die einfachste und damit möglicherweise älteste Art, einen Menschen zum Lachen zu bringen. Humor ist somit einerseits die Fähigkeit, Mitmenschen zum Lachen zu bringen andererseits die Fähigkeit, selbst heiter und gelassen zu bleiben trotz verschiedenster Widrigkeiten. Humor führt zum Lachen und Lachen führt zu einem glücklicheren und gesünderen Leben. Auch der indische Philosoph Osho hat in seinem Buch **„Leben, lieben, lachen"** sehr viel über die positiven Eigenschaften des Lachens geschrieben, auch darüber, dass uns der Humor hilft, bestimmte Situationen wie z.B. Krankheiten, Unglücksfälle, erträglicher zu machen. So kennen wir doch alle den Ausspruch **„Da vergeht einem das Lachen“.**

Lachen ist, und dies ist auch durch zahlreiche Forschungen belegt, für uns Menschen ein besonderer Ausdruck von Lebensfreude. Humor gilt als liebenswerte Eigenschaft. Machen Sie daher Spaß und Lachen zu einem festen Bestandteil Ihres neuen Lebensabschnitts gerade im Alter. Eine Portion Witz zu haben, ist etwa identisch mit geistvoll zu sein. **Das Lachen und der Humor haben nur einen Nachteil, es kann einem die ganze schlechte Laune verderben.**

11.7 Absichtsloses Nichtstun und Muße

Wie oft hören wir von Senioren, die im Ruhestand sind, dass Sie einfach zu viel zu tun haben, zeitlich völlig überlastet sind und von einem Termin und einer Attraktion zum anderen hetzen, sich also viel zu viel aufbürden. Daher auch der Begriff **„Unruhestand“**. Es ist natürlich schön, wenn man im Alter gefragt ist, wenn wir viele soziale Kontakte und Engagements haben, wenn andere mit uns zusammen sein wollen, wenn wir nachgefragt sind. Dies stärkt auch das Selbstwertgefühl und die Beliebtheit.

Aber ist die Rentenzeit nicht auch eine Zeit, um es gemütlicher angehen zu lassen, selektiver sich um Dinge bemühen, die Spaß machen und die Neugierde wecken und auch zum Lachen und zum Humor beitragen? Bei all diesem meist selbstgemachten „Stress“ ist es auch wichtig, **absichtsloses Nichtstun** zu praktizieren und Muße zu finden. Muße ist dabei nicht Trägheit und herumhängen, sie ist auch nicht nur Lebenskünstlern vorbehalten, sie ist weder spirituell noch esoterisch.

Muße ist, so die österreichische Wissenschaftsforscherin Prof. Helga Nowotny **„die Intensität des Augenblicks, der sich zeitlich zu Stunden oder Tagen ausdehnen kann, um sich auf ein einziges zu konzentrieren: Die Eigenzeit"**. Muße ist die Zeit, die sich ein Mensch nehmen und nach eigenen Wünschen gestalten kann. Der Ökonom Prof. Rohleder von der Hochschule Mainz schreibt hierzu: Die Hauptmotivation von Muße sollte die Freude sein, die der Augenblick bereitet und sollte nicht von Fremdinteressen bestimmt werden. Dies hatten wir doch zu unseren Berufszeiten zur Genüge.

Insbesondere ist doch im Alter die Genussfähigkeit, die Aufmerksamkeitsfokussierung auf Freude und eine lebensbejahende Haltung wichtig für einen gesunden Lebensstil. Gerade im vorgerückten Alter gilt es sich zu sensibilisieren, Bedürfnisse zu erkennen und das Genießen zu erlauben. Dabei bedeutet doch Genießen ganz bewusst auszuwählen, was uns jetzt noch guttut. Ferner gilt es, sich auch für absichtsloses Nichtstun und Muße Zeit für das Genießen zu nehmen und somit alle Sinne zu aktivieren. Dabei kann auch ein Sofa als natürlicher Lebensraum eines Genießers gelten. Gerade neugierigen und lebensfrohen Menschen bietet das Sofa zwischendurch eine Bandbreite an Genüssen. Sie können dieses nicht nur zum Ausruhen, Schlafen und Relaxen nutzen, sondern auch zum Nachdenken, kreative Ideen entwickeln und zum Lesen sowie zur Entwicklung von Phantasien und Träumen und dies alleine. Wie sagte schon der französische Mathematiker Blaise Pascal im 17. Jg.: **„Alles Unglück der Menschen rühre daher, dass sie nicht ruhig in einem Zimmer bleiben können"**.

Entschleunigen Sie Ihr Leben und entdecken Sie das Prinzip der Langsamkeit. Wir müssen wieder lernen, langsamer zu werden, so wie es Sten Nadolny in seinem Buch „Die Entdeckung der Langsamkeit" beschrieben hat. Verzichten Sie an manchen Tagen ganz einfach auf Ihre Uhr, schlendern Sie auch mal auf Umwegen oder lernen Sie zu Warten. Dies haben wir ja insbesondere auch in der Coronazeit wieder lernen müssen und hoffentlich gelernt haben und dies ist nicht immer einfach.

Für die meisten Menschen beruht ein zufriedenes Leben gerade im vorgerückten Alter auf dem ausgewogenen Verhältnis von

- Noch etwas Arbeit und Leistung (Einkommen, Rente, Wohlstand, Vermögen)
- Sozialkontakten (z.B. Familie, Freunde) - Zuwendung und Anerkennung
- Körper wie Gesundheit, Ernährung, Schlaf, Sport und Bewegung, Entspannung und Fitness
- Sinn und Kultur (Selbstverwirklichung, Lernen, Genießen, Zärtlichkeit und Liebe, Religion und Zukunftsfragen)

eine Art „**New-Life-Balance** im Rentenalter".

Es ist wissenschaftlich erwiesen, dass Phasen des absichtslosen Nichtstuns und der Muße die Regeneration des Geistes und somit auch des Gedächtnisses fördern und stärken. Zudem stellen sie eine wichtige Voraussetzung für Kreativität, Einfallsreichtum, Neugierverhalten u.v.m. dar. Eine Hauptmotivation der Muße sollte die Freude sein, die der Augenblick bereitet, z.B. ein Buch oder Gedichte schreiben, malen, musizieren, im Cafe sitzen und das Verhalten der Mitmenschen beobachten, Vögeln auf den Bäumen lauschen oder im Alter noch ein Unternehmen zu gründen. Und M.T. Cicero, ein römischer Philosoph, führt hierzu an: **„Niemals bin ich weniger müßig, als in meinen Mußestunden".**

Sie kennen bestimmt auch das Gefühl, dass Sie Ihre Freizeit irgendwie verbringen oder verbracht haben, ohne etwas Schönes und Spannendes gemacht zu haben. Wichtig gerade im Seniorenalter ist das sogenannte euthyme Erleben, ein Zustand des inneren Gleichgewichts, indem wir die Aufmerksamkeitsfokussierung auf Freude, Genuss, Spaß und eine lebensbejahende Haltung legen.

Muße ist die von Pflichten und Zwängen verschonte Zeit. Organisierte Muße ist dabei nicht aller Laster Anfang, sondern Rückkehr in die Selbstbesinnung. Muße ist ein Medium der Sinngebung, ohne die sich keine Kreativität entfalten lässt. In diesen Mußephasen schöpfen wir die nötige Vitalität für unser Tun im Rentenalter. Halten wir es mit dem deutschen Schriftsteller Otto Flake, der meinte: **„Wir sollten wieder Lernen, aus der Freizeit Muße zu machen“.**

Muße und absichtsloses Nichtstun gehen auch einher mit der Frage der persönlichen Gelassenheit. Gelassenheit ist eine innere Einstellung, eine Fähigkeit, auch in schwierigen Situationen Haltung zu bewahren. Eine Einstellung, verbunden mit der Frage, was ist für mich wichtig und was ist unwesentlich. Diese Unterscheidung kann zur Gelassenheit führen. Gelassenheit finde ich, indem ich meine innere Stimme und meine Bedürfnisse kennenlerne und das No oder Go definiere. Finde ich mich im Sport, in Reisen, in Bildung, mit der Familie?

Wichtig für den Weg zu Gelassenheit ist, sich selbst zu entdecken. Wenn ich mit mir selbst, mit meinen Gedanken, dem Körper und meiner Umwelt in Einklang komme, werden wir gelassen. Eine Art befreite Seele kann dem Körper und dem Geist enorme Kraft geben. Wie sagte auch der Finanzguru Andre Kostolany zum Thema Gelassenheit: **„Einer Straßenbahn und einer Aktie darf man nie nachlaufen. Nur Geduld: Die nächste kommt mit Sicherheit“.**

11.8 Liebe und Zärtlichkeit zulassen

Wenn die Liebe in die Jahre kommt, ist im Alter Kuscheln wichtiger als Sex. Zum Thema Liebe und Sex im Alter gibt es eine Menge Bücher, Zeitschriftenbeiträge und Anleitungen jeglicher Art, sowie eine Vielzahl von Studien zum Teil mit sehr unterschiedlichen Ergebnissen und jede Menge praktischer und medizinischer Anregungen. Dazu wurden in den verschiedensten Ländern, insbesondere in den USA tausende von Seniorinnen und Senioren befragt mit den unterschiedlichsten Ergebnissen. Eines ist fast allen gemeinsam: Bei älteren Paaren verschieben sich die Prioritäten in der Partnerschaft. Nach Angaben von Forschern hierzu wird die Zärtlichkeit im Vergleich zum Sex mit zunehmendem Alter bei Senioren immer bedeutender. Diese Studien zeigen ferner, dass es in Partnerschaften sehr viel Zärtlichkeit ohne Sexualität gibt. Viele Seniorenpaare suchen durch Streicheln, Schmusen und Kuscheln dem zunehmenden Bedürfnis gerecht zu werden, sich der gegenseitigen körperlichen Nähe zu versichern. Dass die Sexualität im Alter nicht mehr den früheren Stellenwert einnimmt, dafür kann es zahlreiche Gründe geben, körperliche und seelische Gründe oder aber die Veränderung der Lebensumstände. Allerdings: Die Lust, es zu tun, hört mit dem älter werden nicht einfach auf, aber der Sex im Alter verändert sich: Für manche wird er besser, für andere eine Herausforderung und für viele ein Tabuthema. Bei der Generation 65plus wird, so Untersuchungen, nicht so offen über erotisches Verhalten gesprochen, dies nimmt auch etwas den Druck, sich so verhalten zu müssen. Dies muss jeder für sich individuell entscheiden. Denn gerade im vorgerückten Alter sind für eine zufriedene Partnerschaft oft andere Gründe ausschlaggebend. Die Modedesignerin Coco Chanel führte hierzu an: **„Alter schützt vor Liebe nicht, aber Liebe vor dem Alter“.**

Die Sexualität hat viele Gesichter, so Prof. Wahl von der Uni Heidelberg, und dies über das gesamte Leben hinweg. So pflegen die einen ihre sexuelle Aktivität bis ins hohe Alter und erleben kaum einen Unterschied zu früheren Lebensphasen. Die anderen sind vielleicht froh, von der „**Tyrannei der Sexualität**“ entlastet zu sein. Beobachtungen zeigen, dass Sexualität in ihren Veränderungen im Rahmen des Älterwerdens nicht nur biologisches Handeln und Geschehen ist, sondern ein Leben lang durch gesellschaftliche und kulturelle Leitbilder überformt wird. Vielleicht erinnern Sie sich noch, was M.T. Cicero schon vor über 2.000 Jahren in seiner Altersstudie (Kapitel 3.1) zum Abnehmen der sinnlichen Freuden im Alter sagte?

11.9 Vertrauen aufbauen, festigen, schenken

Viele Bezugspersonen gerade aus dem Bereich der Arbeit fallen in der Rentenphase meist weg, sei es, weil es nie eine oder eine geringe intensivere Bezugsebene gab, sei es aufgrund unterschiedlicher Interessen oder auch aus Entfernungsgründen zum Wohnort oder durch den Verlust von Personen Ihres Vertrauens (Partner/in, langjähriger guter Freund), vielleicht auch, weil Ihr Vertrauen schon öfters missbraucht wurde. Jetzt, in der Ruhestandsphase, fallen Sie wieder stärker in ein verändertes Umfeld in Ihrem Bekanntenkreis ein, suchen Anschluss in neuen Netzwerken wie Vereinen u.v.m. und haben jetzt auch mehr Zeit, Ihre Vertrauenskultur zu überdenken, eine neue zu festigen und aufzubauen.

Vertrauen ist individueller Glaube an die positive Entwicklung von Ereignissen vor allem im zwischenmenschlichen Bereich, insbesondere in einer Partnerschaft, in Abhängigkeit von eigenen Wertvorstellungen und Erfahrungen. Vertrauen baut immer auf eine Grundlage (Vertrauensgrundlage) auf. Dies können einerseits gemachte Erfahrungen im Lebens- oder Berufsalltag sein, andererseits aber auch das Vertrauen in eine Person, der ich selbst traue.

Heute gibt es viele Belege dafür, dass dem, der anderen vertraut, auch Vertrauen entgegengebracht wird oder umgekehrt. Halten Sie es aber mit Otto von Bismarck, einem ehemaligen Staatsmann und Politiker, der sich in Sachen „Vertrauen“

wie folgt geäußert hat: **„Vertrauen ist eine zarte Pflanze. Ist es zerstört, kommt es so bald nicht wieder“.**

Vertrauen ist die Qualität einer Beziehung zu einem oder mehreren Menschen. Vertrauen ist dabei die Überzeugung, dass das Handeln und Verhalten des anderen aufrichtig und mit guten Absichten erfolgt. Empirische Untersuchungen zu dieser Thematik zeigen, dass insbesondere folgende Punkte **vertrauensbildende Aktivitäten** sind: Ehrlichkeit, Halten von Versprechungen, Verschwiegenheit, authentisch bleiben (sagen was Sie meinen, glauben, fühlen und tun) und zwischenmenschliche Kommunikation (ehrlich und offen) sowie dem anderen zuhören und diesen ausreden lassen. Vertrauen entsteht durch konsistentes Verhalten, Verlässlichkeit und charakterliche Integrität. Vertrauen muss man gewinnen, sie muss im Zeitablauf wachsen und verträgt „keine Schnellschüsse“, denken Sie daran.

Vertrauen kann nicht auf Knopfdruck abgerufen werden, es entsteht in einem längerfristigen Prozess des Zusammenlebens. Vertrauen muss im Zeitablauf wachsen und Vertrauen muss man sich verdienen. Wie sagte schon Ovid, ein römischer Dichter vor über 2000 Jahren: **„Vertrauen stellt sich bei Fragen großer Bedeutung nur langsam ein“.**

Vertrauenszerstörende Verhaltensweisen liegen insbesondere in der Weitergabe vertraulicher, persönlicher Informationen an andere sowie in abwertenden Äußerungen meiner Person bei anderen sowie in der Geschwätzigkeit.

Für unser seelisches Wohlbefinden ist ein gesundes Vertrauen in die Zukunft und vor allem in andere Menschen wichtig. Vertrauen zu einzelnen Menschen ist auch dann wichtig, wenn ich jemanden brauche, um mir Rat zu suchen, Probleme zu lösen und mir auch etwas von der „Seele zu reden“. Vertrauen ist die Grundlage jeder funktionierenden Freundschaft, sie beruht nicht auf bestimmten Gefühlslagen (heute bist Du mein Freund). Vertrauen entsteht durch konsistentes Verhalten, Verlässlichkeit und charakterliche Integrität. Und solche Vertrauenspersonen brauche ich im Alter mit folgendem Anspruch: **„Meinen, was man sagt, und auch entsprechend handeln, sowie halten, was man verspricht“.**

11.10 Sport und Bewegung betreiben

In jeder Lebensphase spielt das körperliche Wohlbefinden eine nicht unerhebliche Rolle. Fit und gesund zu sein, um die Aufgaben des Alltags gut und noch lange bewältigen zu können, ist für Alle wichtig. Für uns Senioren, die wir gerne aktiv und vital sind, spielt einerseits die körperliche, andererseits die geistige und seelische Fitness eine entscheidende Rolle. Das höhere Freizeitbudget wollen wir doch interessant und vor allem abwechslungsreich gestalten. Dazu kann regelmäßige sportliche Betätigung und viel Bewegung beitragen.

Bewegung und Sport zählen im Alter zur Lebensqualität. Dabei wird Lebensqualität sowohl physisch (körperlich) wie psychisch (geistig) definiert. Ein körperliches Element dieser Lebensqualität kann, neben bereits einigen genannten Anregungen, dabei Sport und Bewegung sein. Die besondere Bedeutung von körperlicher Bewegung ist für die Gesundheit im Alter wissenschaftlich belegt. Regelmäßige körperliche Betätigung hat positive Auswirkungen auf die Gesundheit. Dabei ist das Bewegungsverhalten, d.h. die Intensität der körperlichen Betätigung sehr unterschiedlich. Sie kann z.B. von 3–5mal wöchentlich mehrstündigem Tennisspielen (Sportverhalten) bis hin zu einmal wöchentlich 2–3 Stunden Wandern oder Fahrradfahren (Bewegungsverhalten) reichen. **„Sport ist Mord“,** so ein Ausspruch des ehemaligen englischen Premierminister Winston Churchill, dessen laxe Einstellung zu Sport und Fitness ihm hohen Blutdruck, einen Herzinfarkt und zwei Schlaganfälle bescherte. Er wurde trotzdem 91 Jahre alt.

Damit Ihre Aktivitäten sinnvoll sind und keine negativen Auswirkungen bei Ihnen auslösen können, insbesondere bei Senioren, die erst im Rentenalter etwas intensiver und vor allem regelmäßiger mit Sport und Bewegung beginnen, sollten Sie bestimmte Vorüberlegungen anstellen und Regeln berücksichtigen, z.B. vorab eine ärztliche Untersuchung und Einbindung des Hausarztes in die sportlichen Pläne, eine regelmäßige ärztliche Überwachung ist auch für Intensivsportler ganz wichtig. Ferner gilt es Sportarten zu identifizieren, die ich sowohl im Sommer wie im Winter ausüben kann incl. Diskussion von Alternativen und die Abwägung von Sportarten, deren Ausübung mit großen körperlichen Anstrengungen verbunden ist und die auch noch gefährlich sind. Passen Sie Ihre Sport- und Bewegungsart Ihrer körperlichen Verfassung und Fitness an und legen Sie unbedingt nach einer Phase der Anstrengung eine Erholungsphase ein. Spaß an der Bewegung durch Ihre sportliche Tätigkeit hängt auch ab von der Ausgewogenheit der Be- und Entlastungsphasen. Treten Verletzungen auf, heißt es vernünftig zu sein. Auch bei leichteren Verletzungen gilt es, diese auszukurieren. Für alle sportlich Aktiven ist eine gesunde Ernährung wichtig und wir Senioren sollten insbesondere darauf achten, dass wir, selbst unabhängig von sportlichen Aktivitäten, ausreichend Flüssigkeit zu uns nehmen, täglich 2–3 Liter (www.gesund-aktiv-aelter-werden.de).

Über all diesen Anregungen und Regeln steht aber, dass wir Freude an sportlichen Aktivitäten und Bewegung haben. Viele gehen mit dieser Einstellung schon in die Rentenphase, manche müssen aber noch davon überzeugt werden, aus dieser **„Bewegungslegasthenie und Movementkrüppelphase“** auszusteigen. Für Sport und Bewegung ist es nie zu spät. Regelmäßige Bewegung im Alter sorgt dafür, so wissenschaftliche Ergebnisse, dass Sie gesünder altern sowie selbständig und fit bleiben, sowohl körperlich als auch geistig, z.B. wer tanzt, tut nicht nur seinem Körper, sondern auch Geist und Seele etwas Gutes an. Körper und Geist arbeiten sehr eng zusammen. Der Schweitzer Schriftsteller Jean-Jacques Rousseau formulierte dies so: **„Körperliche und geistige Übungen sollen sich gegenseitig zur Erholung dienen"**.

Seniorensport ist heute ein wichtiges Element der Gesundheitsvorsorge und natürlich auch für die Gesundheit im Alter sowie Element der Lebensqualität. Sport trägt auch zur Stärkung des Immunsystems bei, dadurch können wir auch das Risiko für bestimmte Krankheiten im Alter reduzieren. Ferner ist körperliche Betätigung ein wichtiger Punkt zur Aufrechterhaltung und dem Aufbau sozialer Kontakte und zur Reduzierung von zu viel Einsamkeit im Alter und wie der Lateiner zu sagen pflegt: **„Mens sana in corpore sano"**, ein gesunder Geist in einem gesunden Körper.

Neben dem klassischen Seniorensport gibt es zwischenzeitlich eine Vielzahl von Senioren, die im Alter zwischen 60 und 80 Jahren zur Kategorie der Extremsportler zählen. Extremsport heißt dabei, Herangehen an sportliche Grenzen. Extremsport bedeutet für den Einzelnen eine besondere physische und psychische Herausforderung, mit dem Ziel, seine eigene Leistungsgrenze zu erleben. Meist haben diese Senioren schon viele sportliche Herausforderung während ihrer Berufstätigkeit gemeistert und widmen sich jetzt intensiver diesen Sportarten, z.B. Marathonlauf, Mountainbike-Fahren in den Bergen, Felsenklettern, Fallschirmspringen, Bergsteigen in den Alpen oder im Himalaya. Viele dieser Sportarten werden meist sehr exzessiv und mit erhöhtem Risiko für die Gesundheit betrieben. Gerade dabei ist es besonders wichtig, regelmäßig einen Gesundheitscheck bei seinem Hausarzt durchführen zu lassen und unter fachlicher Anleitung eines qualifizierten Trainers zu beginnen.

11.11 Lethargie erst gar nicht aufkommen lassen

Lethargie kann als ein Zustand körperlicher und psychischer Trägheit definiert werden, indem das Interesse auch für schöne Dinge des Lebens ermüdet ist. Lethargische Menschen verhalten sich meist teilnahmslos, dabei ist es besonders schwierig, ihre Aufmerksamkeit zu erregen oder sie zu Aktivitäten und Handlungen zu bewegen. Lethargische Personen nehmen ihre Umgebung und die davon ausgehenden Reize nicht mehr so deutlich wahr. Die Ursachen, die eine Lethargie mit sich bringt, sind vielfältig und in der Medizin insbesondere auf Krankheiten zurückzuführen. Hinsichtlich ihrer Persönlichkeit wird vor allem zurückhaltenden introvertierten Menschen (in sich gekehrt) lt. verschiedener Studien, nachgesagt, dass Introvertierte auf andere insbesondere zurückhaltend, ruhig und auch schüchtern wirken, was allerdings nicht bedeuten muss, dass diese Menschen auch lethargisch und teilnahmslos sind. Sie zeigen einfach Ihre Gedanken, ihre Emotionen nicht so deutlich nach Aussen wie extrovertierte Menschen. Psychische Trägheit kann auch entstehen durch ständiges Aufschieben von unangenehmen Tätigkeiten, Aufschieberitis (Prograstination), bis hin zu generellen Tätigkeiten, z.B. Arztbesuche, amtliche Post usw.

In der Medizin ist Lethargie oft verbunden mit einer Persönlichkeitsstörung und mit Depressionen. In diesen Fällen ist eine vertrauensvolle Zusammenarbeit mit dem Hausarzt oder psychologischer Rat empfehlenswert. Die Auslöser für lethargisches Verhalten können aber auch besondere Ereignisse im Leben sein, z.B. Unfallbeteiligung, plötzlicher Tod einer sehr nahestehenden Person oder auch der Eintritt in die Rentenphase, dem nicht zurechtkommen mit neuen Gegebenheiten und der abhandengekommene Sinn des Lebens. Danach fehlt ein innerer Antrieb, Lustlosigkeit und Niedergeschlagenheit sind Auswirkungen.

Um aus solchen lethargischen Situationen auszubrechen ist ein hohes Maß an Selbststeuerung, Selbstorganisation und Selbstdisziplin erforderlich und Freunde, die dieses Verhalten erkennen und helfen. Wichtig ist dabei, dass Sie Ihre Kraft und Energie auf Dinge konzentrieren, die um Sie herum passieren und auf die Frage, auf welche Menschen kann ich zugehen. Gehen Sie dabei aus sich heraus, kapseln Sie sich nicht ab und nehmen Sie Ihr Schicksal selbst in die Hand. Suchen Sie Anregungen, positive und glückliche Situationen auch zusammen mit der Familie und Freunden und umgeben Sie sich mit Menschen, die Ihnen guttun und gehen auf diese zu. Wichtig ist es, die eigene Lethargie zu durchbrechen.

Gerade wer nicht mehr arbeitet, gerät sehr leicht in einen Alltagstrott. Um diese Routinen zu unterbrechen, reicht es häufig, nur Kleinigkeiten zu verändern und wenn dann noch Freunde und Gleichgesinnte, also das soziale Umfeld, unterstützend eingreifen, ist dies ein wesentlicher Weg aus der psychischen Trägheit. Gerade in Übergangsphasen müssen wir wieder lernen, den Antrieb in uns selbst zu finden. Der deutsche Philosoph Friedrich Nietzsche schrieb hierzu: **„Die einzige Arbeit, die sich auf Dauer wirklich lohnt, ist die Arbeit an sich selbst“.**

12. Zeit für Veränderung V – Ruhestandsvorbereitung durch Unternehmen

Jetzt haben wir sehr viel darüber gehört, wie intensiv eine individuelle Vorbereitung auf den Ruhestand von Seiten des Betroffenen geplant werden sollte und was auf diesem Weg und danach alles auf den Einzelnen zukommen kann und bedacht sowie verändert werden sollte. Jetzt komplettieren wir unser Rentenmanagementsystem durch Handreichungen der Vorbereitung und Unterstützung durch die **Arbeitgeberseite**, der wir meist jahrzehntelang „verbunden waren".

Wie könnte denn die Vorbereitung auf den Ruhestand von Unternehmensseite für seine Mitarbeiter aussehen? Warum ist dies wichtig und wie profitieren Unternehmen davon? Welche Aktivitäten und Instrumente könnten hier zum Einsatz kommen? Mit diesen Fragen sollten Sie sich beschäftigen, denn der Übergang in den Ruhestand ist eine Zäsur in der Berufs- und Lebenskarriere jedes Einzelnen und braucht eine Perspektive.

Ruhestandsvorbereitung durch Unternehmen könnte eine Vielzahl von Maßnahmen umfassen, die geeignet sind, den Übergang des Mitarbeiters vom Beruf in den Ruhestand (in die Rentenzeit, die Altersrente und Pension) zu begleiten und zu unterstützen. Ziel dieser Aktivitäten wäre es, den Arbeitnehmern, die sich über Jahrzehnte für das Unternehmen engagiert und die sich sowohl mit dem Unternehmen als auch mit ihrer Arbeit identifiziert haben, auf einen angenehmen Übergang in ihre Ruhestandsphase vorzubereiten und ein Stückweit zu begleiten. Ruhestandsvorbereitung als Element der Personalentwicklung finden wir derzeit vereinzelt in Programmen wie **der lebensphasenorientierten Personalentwicklung 60 plus,** in Veranstaltungen und Maßnahmen „out of the Job".

In den nächsten Jahren haben wir es mit folgender Ausgangssituation zu tun: Wir werden es jährlich mit über 1,2 Millionen Mitarbeitern zu tun haben, die in eine Vorruhestandsregelung oder die gesetzliche Rente gehen. Dadurch werden natürlich der Wirtschaft eine Vielzahl von Fachkräften entzogen. Dies ist für viele Mitarbeiter ein abrupter Übergang in eine mögliche „späte Freiheit", die sie statistisch betrachtet noch viele Jahre bei hoffentlich bester Gesundheit und geistiger Flexibilität genießen können. Wolfgang Schiele, ein Übergangs- und Ruhestandscoach, betont hier insbesondere die unternehmerische Verantwortung für den Changeprozess, den Veränderungsprozess, des Mitarbeiters. Der übergangslose Eintritt in den Ruhestand bedeutet, wie bereits mehrfach beschrieben, nicht zu unterschätzende Verluste sowie **psychische Einbußen** beim Einzelnen, z.B. beim sozialen Status und/oder der persönlichen Identität (psychologischer Trauerfall). Jetzt könnten Maßnahmen des sanften Übergangs von der Berufs- in die Rentenphase, durch Seminare und Coachings neue Orientierung und Perspektiven für die Zeit nach dem Berufsleben geben. So bieten z.B. das Haus Neuland sowie die ARD-und ZDF-Medienakademie und die Technikerkrankenkasse interessante Seminare an. Ferner Informationen durch den Vorgesetzten, betriebsinterne und gewerkschaftliche Beratungsstellen, durch die IHKs oder spezielle Seminare über finanzielle, psychische, körperliche und soziale Aspekte des Ruhestands. Aus dem Bankenbereich bekannt sind Seminare zur Ruhestandsvorbereitung über mehrere Tage gemeinsam mit dem Partner/in, in denen derartige Inhalte vermittelt und diskutiert werden.

Arbeitsplatzbezogene Regelungen könnten ebenfalls Modelle des sanften Übergangs in den Ruhestand beinhalten wie Beschäftigungsangebote mit stufenweise reduzierter Arbeitszeit, z.B. ab 63 Jahren 4-Tage-Woche oder Reduzierung der Arbeitszeit wöchentlich um 4 Stunden, mehr Urlaub, Tätigkeitsangebote schon während der Arbeitszeit, 2 Jahre vor dem Renteneintritt und danach als Mentoren zur Wissensübergabe und -vermittlung an Mentees oder Arbeitsplatznachfolger. Vereinzelt gibt es hierzu interessante Modelle: So sind z.B. seit einigen Jahren beim Automobildbauer Daimler sog. Senior Experts im Einsatz. Bei dieser Initiative „Space Cowboys – Daimler Senior Experts“ geben erfahrene Mitarbeiter beim Übergang in den Ruhestand und im Ruhestand ihr Expertenwissen über ihre Betriebszugehörigkeit hinaus an Nachwuchskräfte und Nachfolger weiter. Bei Deutschlands größtem Kommunikationsunternehmen der Deutschen Telekom AG kennt man sog. Wissenstransfer-Tandems; Dabei arbeiten ältere und jüngere Kollegen gezielt generationsübergreifend zusammen, um das fachliche Know How und die Kompetenzen Älterer zu bewahren bzw. sinnvoll zu nutzen.

In vielen Arbeitstagen wird das Know How der Experten aus verschiedenen betrieblichen Funktionsbereichen zur Verfügung gestellt. Dabei ist das Wissen und die Erfahrung von Älteren mit frischen Ideen und dem Können der Jüngeren eine unschlagbare Kombination, denn Teams mit gemischten Altersstrukturen erzielen hervorragende Ergebnisse, so das verantwortliche HR-Management des Hauses. Heute gibt es sogar im Internet unter www.alleskralle.de einige tausend Jobangebote für senior experts im Ruhestand. Gerade in arbeitsplatzbezogenen Regelungen ist noch viel Luft nach oben drin. Sie sind weitere Möglichkeiten der Beschäftigung im Alter, wie Minijobber oder ehrenamtliche Tätigkeit. Seit einigen Jahren werden immer wieder derartige Modelle des sanften Übergangs in Unternehmen entwickelt, diskutiert, praktiziert und wieder verworfen. Diese Modelle werden in einigen wenigen großen Unternehmen angeboten.

Darüber hinaus könnten auf betrieblicher Seite weitere **Beschäftigungsmodelle** diskutiert werden, die eine höhere Flexibilität bei der freien Wahl des Austrittstermins ermöglichen. Damit hält das Unternehmen Erfahrungsträger länger am Arbeitsplatz. Somit könnte jeder Mitarbeiter individuell entscheiden, wie lange und mit welcher Intensität er seinen Beruf weiterhin wahrnehmen möchte. Prof. Hans Martin Hasselhorn, Arbeitswissenschaftler von der Uni Wuppertal, meint hierzu, es müsse individuelle Rentengrenzen je nach tatsächlicher Tätigkeit geben. Bei solchen Modellen sind natürlich der Gesetzgeber und die Tarifparteien besonders gefordert, um u.a. den Status des Beschäftigungsverhältnisses u.v.m. zu klären. So ein Beschäftigungsmodell gibt es bei Professuren nach der Dienstzeit (Pensionszeit), sog. emeritierte Professoren, die zwar von wesentlichen Aufgaben in der Pensionszeit entpflichtet sind, jedoch können diese Ihre Lehr- und Forschungsbefugnis weiter ausüben (z.B. 4 Vorlesungsstunden wöchentlich) und/oder Doktoranden, Abschlussarbeiten, Masterarbeiten und Bachelorarbeiten betreuen.

Mit der Ruhestandsvorbereitung als „Personalentwicklungsinstrument out oft he Job“ durch Unternehmen, sind eine intensive, organisierte und systematische Auseinandersetzung mit der Zeit kurz vor und nach der Berufstätigkeit sowie einem möglichen gleitenden Ausstieg aus dem Erwerbsprozess, so die Professoren Norbert Thom und Robert Zaugg, eine Vielzahl von positiven Effekten verbunden. Dabei wird einerseits der Rentenschock vermieden, Mitarbeiter mit wertvollen Kompetenzen und Qualifikationen stehen länger zur Verfügung und lassen diese an jüngere Mitarbeiter übertragen, andererseits bleibt das Selbstwertgefühl der Rentenanwärter gewahrt und sie können sich viel bewusster auf den Ruhestand vorbereiten. Konkrete Maßnahmen dieser Ruhestandsvorbereitung reichen von Seminaren während der letzten Berufsjahre, gleitende Rentenjahre bis hin zu Senior-Berater-Pools und Minijobs nach der Verrentung.

Übergangsfortbildungen zur Vorbereitung auf den Ruhestand durch, z.B. Seminare, im Rahmen eines lebensphasenorientierten Personalmanagements, haben für alle, Mitarbeiter, Unternehmen und die Gesellschaft erhebliche Nutzenpotenziale, so die Ergebnisse eines runden Tischs „Aktives Altern – Übergänge gestalten“, des BuMi für Familie, Senioren, Frauen, Jugend aus dem Jahre 2016. Den angehenden **Rentnern** dienen diese Veranstaltungen

- der eigenen Standortbestimmung und Orientierung im neuen Lebensabschnitt;
- der Klärung von Fragen nach den Perspektiven und dem Sinn des eigenen Tuns im Rahmen einer weiteren sinnvollen Lebensgestaltung;
- der Anerkennung und Wertschätzung des Arbeitgebers für seine Mitarbeiter auch mit dem Blick auf Fragen der life balance und wie ich Ausgeglichenheit im Leben schaffen kann;
- der Festigung eines „psychologischen Arbeitsvertrages“ für das Leben auch jenseits des bisherigen Arbeitsalltags;
- der Identifikation mit ihrem Unternehmen auch im Ruhestand (Rentner als Multiplikatoren).

Für die **Unternehmen** sind solche Aktivitäten im Rahmen eines lebensphasenorientierten Personalmanagements von Nutzen und zeigen

- eine wertschätzende Unternehmenskultur und eine Erhöhung der Unternehmensattraktivität nicht nur für Arbeitssuchende, sondern vor allem auch für ehemalige Mitarbeiter in der Rentenphase. Hierzu zählen auch sog. Ausstiegsrituale.

- Wege und Möglichkeiten, angehende Rentner über die Altersgrenze hinaus zu beschäftigen. Dies dient auch der Ressourcensicherung im demographischen Wandel.
- dass durch derartige Seminare und regelmäßige Perspektivgespräche inneren Kündigungen vorgebeugt werden kann und der „psychologische Arbeitsvertrag" eher eingehalten wird.
- Personalentwicklung orientiert auch am Lebensalter bzw. an der Lebensphase. Grundlage für ein effizientes Wissensmanagement ist, indem Expertenwissen bewahrt wird und der Know How Transfer über Anleiten und Moderation gelingen kann.

Derartige Übergangsfortbildungen von Unternehmen im Rahmen ihrer lebensphasenorientierten Personalentwicklung haben auch gesamtgesellschaftliche Vorteile: Einerseits durch volkswirtschaftliche Effekte wie z.B. Erhalt von Arbeitskraft, Wahrung von Wissen und Können, präventive Effekte für Gesundheit und Wohlbefinden der Einzelnen, zum anderen die wichtige Erschließung und Aktivierung von Engagementpotenzialen in sozialen Einrichtungen, die letztlich der Gemeinschaft zugutekommen können.

Jetzt bedarf es insgesamt und insbesondere von Unternehmen konzipierte ganzheitliche Ansätze, die Rentenanwärter mit ihren spezifischen Kompetenzen in allen Lebensfragen und -zusammenhängen, z.B. Beruf, Familie, Freunde wahrnehmen und Unterstützung sowie Hilfestellung zur Vereinbarkeit der verschiedensten Lebensbereiche anzubieten, mit all den Fragestellungen, die wir in den vorherigen Kapiteln auch angesprochen haben, wie z. B. Auseinandersetzung mit dem Alter, Veränderungen im Alter, psychische Fragestellungen, Standortbestimmungen und Orientierung im Alter, persönliche Weiterbildungsmöglichkeiten, Achtsamkeit im Bezug auf die Gesundheit u.v.m. Auch diese out of the job-Maßnahmen werden nur von wenigen Unternehmen angeboten.

Im Internet werden zwischenzeitlich durch eine Vielzahl von Trainingsinstituten, Akademien und sonstige Seminaranbieter Veranstaltungen angeboten, die eine Menge an Veranstaltungen für angehende Rentner zu Themenfeldern wie Gestaltung des Übergangs in die nachberufliche Lebensphase, Übergang Arbeitsleben und Ruhestand, aktiv in den Ruhestand, Vorbereitung auf den Ruhestand u.v.m., enthalten. Ergänzend bieten den Rentnern zahlreiche Finanzdienstleister Rentenmanagementsysteme an, um die Handhabung von Absicherungen Ihres Vermögens im Rentenalter zu gewährleisten.

Die hier zusammengetragenen Ergebnisse sowie Erkenntnisse der nachfolgenden kleinen empirischen Untersuchung könnten sehr viele Anregungen für ein Konzept „Personalentwicklung 60 plus“ für Unternehmen jeglicher Größenordnung bieten. Ferner müssten eine gute Arbeitgebermarke (employer branding) und Maßnahmen zur nachhaltigen Identifikation der „früheren“ Mitarbeiter mit ihrem Unternehmen zur Personalmarketingstrategie und insgesamt zur Philosophie jedes Unternehmens zählen.

Und noch eins: Die Generation der Babyboomer (die Geburtenjahrgänge 1950 bis 1964), also die angehenden Rentner, stellt eine Generation von Arbeitnehmern dar, denen im Vergleich zu anderen Generationen bestimmte Eigenschaften zugeschrieben werden. Arbeit hat für diese Generation einen besonderen Stellenwert im Leben, man sagt **„sie leben, um zu arbeiten“**, im Vergleich zur nachfolgenden Generation X (1965 bis 1979 auch Generation Golf genannt), der die Charakterisierung „sie **arbeiten um zu leben**“ nachgesagt wird. Die Babyboomer-Generation würde viel Wert auf Leistung und auch Disziplin legen. Daher könnten arbeitsplatzbezogene Regelungen, Beschäftigungsmodelle in der Rentenphase und Maßnahmen out of the Job interessant und wünschenswert sein.

13. Positives und Negatives durch die Rentenphase – eine „kleine Befragung" Betroffener

Zur Verifizierung einer Vielzahl von Punkten, die in der Literatur, zahlreichen wissenschaftlichen Untersuchungen und in diesem Buch für den Übergang in die Lebensphase „Ruhestand" und den Ruhestand selbst, beschrieben werden, wurden insgesamt 140 Personen, davon Seniorinnen (42) und Senioren (98) im Alter zwischen 63 und 80 Jahren aus kleinen, mittelständischen und großen Unternehmen mit folgender Frage in offener Form beantwortbar (frei wählbare Kriterien, Mehrfachnennungen gewünscht), konfrontiert:

> **Welche positiven und negativen Gegebenheiten würden Sie aus dem Übergang in die Rentenphase heute rückwirkend nennen/beschreiben?**

Diese Ergebnisse sind jetzt zwar nicht repräsentativ, zeigen aber eine Vielzahl von Anregungen, die heute die Rentenphase bzw. das Rentenleben kennzeichnen. Dabei ergaben sich keine signifikant geschlechtsspezifischen Abweichungen in großer Anzahl. Insgesamt ergibt sich aus der Rückmeldung von 124 Befragten komprimiert folgendes Ergebnis, wobei rd. 500 Mehrfachnennungen eingereicht wurden. Aufgrund der Vielfältigkeit der individuellen Gegebenheiten sind die Antworten, trotz Klusterung/Zusammenfassung, möglichst authentisch so übernommen.

Positive Gegebenheiten (n = Anzahl der Nennungen)

- Hatten keine Umstellungsprobleme, es lief alles reibungslos und zufriedenstellend n= 9
- Jetzt kann ich endlich eigene Interessen verfolgen und neugierig in die Zukunft schauen n=6

- Kann mir jetzt Wissen in außerberuflichen, mich interessierenden Bereichen, aneignen über Bücher, Volkshochschule, Akademien, Online-Seminare n=18
- Nehme an der Universität an Lehrveranstaltungen teil (Kunst, Sprachen, Geographie) n=8
- Zweitstudium an der Universität begonnen (Kunstgeschichte, Pädagogik) n=2
- Arbeite jetzt an einer Doktorarbeit n=2

- Genieße die sozialen Kontakte zu meinen gleichgesinnten Studierenden n= 6
- Haben einen dreiwöchigen Sprachkurs in Aberdeen gemacht, planen jetzt Rundreise durch Irland, sind jetzt nicht mehr auf die Schulferien fixiert n=2
- Lerne ein neues Musikinstrument und singe im Chor n=8
- Organisiere unsere Jahrgangstreffen und plane Städtereisen mit unserer Gruppe n=2
- Musste das Lesen von Büchern neu lernen (Konzentration, Verständnis) n=9

- Kann jetzt endlich im Garten aktiver werden, Nutzgarten und Treibhaus anlegen. Suchen noch etwas Konstantes für den Winter??? n=4

- Kann mich jetzt endlich meinen technischen Hobbies intensiver zuwenden, gemeinsam mit einem kleinen Freundeskreis n=5
- Jetzt kann ich endlich meine handwerklichen Interessen und Fähigkeiten am eigenen Haus und denen meiner Kinder einsetzen n=10
- Abgeben von Personalverantwortung brachte mir psychische Entlastung n=2
- Bin froh, manche Arbeitskollegen und Chefs nicht mehr sehen zu müssen n=8
- Stehe mit meinem Unternehmen auch heute noch in Kontakt (Firmenzeitung und Rentnerfest) n= 9
- Kann noch stundenweise bei meinem alten Arbeitgeber arbeiten in Bereichen wie Azubi-Betreuung, Werksführungen, Lager/Kommissionierung, Kundenbetreuung… n=9

- Zeitgewinn für große Urlaube in exotischere Länder n=5
- Wiederbelebung von Aktivitäten im Bereich Theater, Vorträge und Bildung, Kochen, … n=8
- Mehr Zeit für sportliche Engagements (Laufen, Radfahren, Skifahren, Wandern…) n=8
- Zeit für neue Interessen wie Gedichte schreiben, Kinderbuch verfassen, Naturbeobachtungen anstellen, Schach spielen, Pool spielen, Karten spielen… n=16
- Leben jetzt gemeinsam gesundheitsbewusster (Sport und Ernährung) n=22
- Bin sozial engagiert im Bereich Kinder, Verein, Seniorenheim, Flüchtlingsbetreuung, Hospizarbeit, Caritas, Diakonie, Johanniter, Essen auf Räder, Besuchsdienste in Krankenhäusern, Hausaufgabenbetreuung in Grundschulen, … n=28

- Bin jetzt nach meiner Berufstätigkeit wieder in meine alte Heimat gezogen n=3 oder bin in die Nähe meiner Kinder und Enkel in eine andere Stadt/Gegend verzogen n=4
- Bin jetzt viel vorsichtiger und selektiver bei der Auswahl von Freunden innerhalb meines sozialen Umfeldes n=7
- Als Oma/Opa werde ich mich jetzt intensiver um meine Enkel kümmern und meine Kinder entlasten helfen n=31

- Zum Glück habe ich im Vorfeld zu meiner Rentenphase viel gelesen und mich beraten lassen, z.B. Seniorenbüros, Versicherungen ... und einige Vorträge an VHS besucht n=12
- Ohne die Firmenrente könnte ich nicht so sorglos leben n=6
- Die Gespräche im Vorfeld der Rentenphase mit bereits Betroffenen gaben mir viel n=7

- Bin Schöffe bei Gericht n=2 und besuche begleitende juristische Vorlesungen an der Universität n=4
- Bin regelmäßig mit Gleichgesinnten bei Gerichtsverhandlungen n=5
- Mein soziales Netzwerk hat mich aufgefangen und mir viel geholfen sowie mich „neu" integriert n=11
- Habe meinen Freundeskreis stark reduziert n=5
- Habe meine neue Berufung gefunden, Arbeit in politischen Gremien. Dabei habe ich viel dazugelernt (n=4) und viel Unwissenheit, Unfähigkeit und Machtgehabe (n=5) kennengelernt
- Kann mich als Frau jetzt mehr um meine Eltern kümmern n=6
- Mir hat die Gründung einer Unternehmensberatung zusammen mit 5 Freunden sehr geholfen, dabei haben wir be-

triebswirtschaftliche Beratung für KMUs angeboten und durchgeführt n=3
- Bringe mich als Mann jetzt mehr in den Haushalt ein, Aufgabenteilung Kochen, Einkaufen, Putzen ....n=6, lerne dabei die Preise für die Lebensmittel intensiver kennen
- Kann jetzt viel mehr Zeit auch mit meinem Partner/in verbringen, wobei der Start in diese neue Zweisamkeit nicht immer einfach war, denn wir mussten neue Gemeinsamkeiten und Interessen finden n=19

Negative Begebenheiten (n = Anzahl der Nennungen)

- Fühlte mich in den ersten zwei Jahren etwas verloren, da ich keine Hobbies habe n=5
- Keinerlei oder zu wenig Ansprache und Einbindung der Rentner durch ihr Unternehmen nach der Arbeitsphase, z.B. in Sachen Firmeninformationen n=8. Ferner wurde das einmal im Jahr stattfindende Rentnerfest durch das Unternehmen gestrichen n=5. Auf nachhaltige Unternehmensidentifikation wird kein Wert gelegt, schadet dem Unternehmensimage n= 2

- Habe meine sozialen Kontakte während der Berufstätigkeit sehr vernachlässig n=8
- Kam anfangs mit der zeitlichen Strukturierung meines neuen Tagesablaufes in der Rentenphase nicht zurecht n=18
- Bin in ein finanzielles „Loch gefallen“ durch die niedrige gesetzliche Rente n=5
- Habe meine finanziellen Rahmenbedingungen in der Rentenphase vorher nicht verinnerlicht und nachvollzogen n=6

- Bei mir kam die Rentenphase recht plötzlich, daher war keine Vorbereitung, auch geistig, möglich. Dies hat mich psychisch sehr belastet n=3
- Muss einen Job als 450,- Euro-Beschäftigter annehmen n=5
- War durch den frühen Tod meiner/s Partnerin/s blockiert, lustlos, desinteressiert, hilflos... Hat lange gedauert, bis ich wieder Vertrauen zu anderen Personen gefasst habe n=6
- Als Frau muss ich jetzt wieder intensiver Aufgaben im Haushalt wahrnehmen n= 11
- Das erhöhte Sicherheitsbedürfnis im Alter reduziert den Bewegungsradius bei Urlauben - Busreisen, dadurch weniger Erlebnisintensität n=1

- Mein Arbeitgeber hat für die Ruhestandsvorbereitung wenig/nichts angeboten n=9
- Hätte mir die Möglichkeiten eines gleitenden Ruhestandes gewünscht n=6
- Verlust vieler sozialer Kontakte im Betrieb n=11
- Als Alleinstehende die Altersarmut kennengelernt n=3
- Aufbau eines neuen sozialen Umfeldes war sehr langwierig und zeitintensiv n=11
- Habe meine früheren Hobbies leider sehr vernachlässigt n=8
- Brauchte drei Jahre, um mich an die Ruhephase und das hohe Zeitpolster zu gewöhnen n=2
- Habe mich viel zu wenig auf den Ruhestand vorbereitet, meist verdrängt n=12
- Werde von Jüngeren oftmals „diskriminiert“ und in Gesprächen nicht mehr so ernst genommen n=10
- Hätte als Single mehr aktiv werden müssen, soziales Netzwerk, Verein, auf Leute zugehen, ... N=6

– Soziales Engagement kommt für mich nicht mehr in Frage, zu viele wollen mitreden, Organisation oft miserabel, zu wenig Anerkennung durch die Institutionen n=12

Der Rücklauf für diese kleine „empirische Untersuchung" war sehr erfreulich. Dabei wurden insgesamt über 500 Einzelnennungen (n) abgegeben, zum Teil stichwortartig, bei bestimmten Punkten mit längeren Ausführungen. Insgesamt überwiegen dabei die Vorteile. Dies liegt auch daran, dass die Ruhestandsphase im Vergleich zur Berufsphase zu einem viel größeren Teil selbstbestimmt und selbstverantwortet ist.

Die Rentenphase wird, so der Befragungskreis, durch eine Vielzahl von individuellen Gegebenheiten geprägt. Jeder muss dabei seinen eigenen Weg und seine Ziele finden. Zu unterschiedlich sind die einzelnen Bedürfnisse und Interessen, um diese zu bündeln und zu steuern, um daraus konzeptionelle, einheitlich strukturierte Vorschläge und Pfade für die Verwendung der Rentenzeit zu machen. Aber entscheidend und stark geprägt wird durch diese kleine empirische Untersuchung die Rentenzeit durch Faktoren wie

– den bisherigen Beruf
– die Familie
– die Hobbies
– die Freunde und Bekannte
– die finanziellen Mittel
– die soziale Einstellung und
– den gesundheitlichen Zustand.

Denken Sie dabei daran, Hobbies oder soziale Engagements alleine können kein Seniorenleben ausfüllen. Ein sinnvoller Ausgleich aller Bereiche, abgestimmt auf den Einzelnen, ist zielführend, wobei gewisse Konstanten in der Beschäftigung wichtig sind (z.B. freitags Chor, dienstags Sport).

Ganz wichtig ist, das Dreieck Familie-Freunde-Freizeit neu zu definieren, denn gerade hier ergeben sich zusätzliche Perspektiven und Möglichkeiten. Und die Vielzahl der genannten positiven und negativen Gegebenheiten, die die Rentenphase bestimmen, sollen Denkanstöße für Ihr Selbstmanagementsystem im Rentenalter geben. Ferner denken Sie immer daran: **„Ruhestand ist kein Stillstand, sondern die Gelegenheit das Leben von einem neuen und erweiterten Blickwinkel aus zu gestalten".**

14. Lebe mit Herz und Seele – einige Haltungen zur Lebenskunst im Alter

Der deutsche Mediziner, Prof. Grönemeyer, beschreibt in einem seiner Bücher sieben Haltungen zur Lebenskunst, um den Zusammenhang von Körper, Geist und Seele zu dokumentieren. Diese sind gerade auch im Rentenalter neu zu sehen und danach zu handeln. Eine Haltung ist dabei eine innere Grundeinstellung, die unser Denken und Handeln prägt. Diese sollten wir uns auch als Senioren ständig vor Augen halten und zu eigen machen. Hier einige wichtige Gedankensplitter aus diesem Werk mit der Anregung, dieses Buch zu lesen:

Erste Haltung:	Lebe jetzt und sei gegenwärtig, nutze dabei Deine Zeit, denn Zeit ist Leben und das Leben ist endlich.
Zweite Haltung:	Stehe für Dich selber ein und sei auch für andere da. Zuwendung als Gesundheitsfaktor, Mitgefühl und Mut zeigen.
Dritte Haltung:	Freue Dich am Leben und überwinde das Leiden. In Sachen Gesundheit geht es dabei nicht nur um körperliches Funktionieren, sondern auch um individuelle seelische Belange.
Vierte Haltung:	Werde wie ein Kind und lerne bewusst den Anfängergeist, denn Begeisterung, Leidenschaft und auch Neugierde versetzen Berge. Auch das Leben in und mit einer Gemeinschaft lernen. Leben vom Du zum Ich zum Wir.
Fünfte Haltung:	Begegne dem Alter und finde Dich selbst. Gibt den Jahren Leben und genieße das Leben, denn es ist später als Du denkst. Nutze Deine Erfahrung als Schatz. Verbinden Sie das Alte mit dem Neuen, dabei können wir für uns das Wichtige sehen und das Unwichtige vergessen.

Sechste Haltung:	Leben ist etwas Wunderbares und zwar das Leben bis zuletzt. Betrachten Sie das Leben als Geschenk, dabei sind Körper, Seele und Geist nicht zu trennen und sinnvoll auszubalancieren.
Siebte Haltung:	Engagiere Dich als Weltbürger und liebe Deine Heimat. Gegen die Isolation des Einzelnen, hin zur Gemeinschaft. Mit neuen Wohnformen experimentieren (z.B. Alters-WG). Netzwerke sind etwas Lebendiges, sie bieten sozialen Zusammenhalt und Zugehörigkeit. Schaffen wir eine neue Lust am Miteinander.

Das Leben im Alter hält viele schöne Dinge bereit, wir müssen diese nur wahrnehmen und leben. Sehen Sie auch diese Lebensphase als Geschenk. Leben Sie diese selbst auch in Einklang mit der Natur und in innerer Balance mit den körperlichen, geistigen und seelischen Kräften. Denken Sie immer daran, unsere Lebenszeit ist begrenzt und so kostbar. Genießen Sie jeden Tag aufs Neue. Die Kunst zu leben liegt darin, Kopf und Herz, Wissen und Vernunft, Leidenschaft und Mut, Interesse und Neugierde, Gemeinsamkeit und Individualität zu gebrauchen. Halten Sie Balance in Ihrem Leben, denn ohne diesen Ausgleich der Lebensbereiche im Rentenalter funktioniert unser Leben nicht. **„Die Kunst des Lebens ist, seinen eigenen Weg zu finden und sich nicht an den Wegweisern zu verlaufen“** (Christian Ehmann)

15. Tipps für gesundes und nachhaltiges Älterwerden – kurze Hinweise zum Schnelllesen

Prof. Kruse, Psychologe und Gerontologe, verantwortlicher Autor der Altenberichte des Bundestages (Lage der älteren Generation in der BRD) und schon mehrfach genannt, formulierte sehr treffend: **„Alt werden will jeder. Alt sein nicht unbedingt“.** Schon vor Jahren legte er auf dem Weltgesundheitstag, der jedes Jahr am 7. April durchgeführt wird, eine Vielzahl von Regeln und Denkanstöße für ein gesundes Älterwerden vor, die abschließend ergänzt um weitere Ausführungen auch aus der Literatur und um eigene Erfahrungen und Anregungen aus einer Vielzahl von Gesprächen mit Betroffenen. Gesundheit ist im Alter das höchste Gut, das es zu pflegen und zu nutzen gilt. Halten wir es mit dem deutschen Philosophen Schoppenhauer, der sagte: **Gesundheit ist nicht alles, aber ohne Gesundheit ist alles nichts“.**

15.1 Altwerden, eine lebenslange Aufgabe

+ **Seien Sie in allen Lebensphasen körperlich, geistig und sozial aktiv!**

Suchen Sie nach Aufgaben, die Sie ansprechen und herausfordern, nach Hobbies und sonstigen Interessensgebieten, die Sie fordern und auch erfreuen. Beachten Sie, dass Sie durch Ihr

Verhalten schon in jungen Jahren entscheidend dazu beitragen, ob Sie ein hohes Alter bei erhaltener Gesundheit, Aktivität und Selbständigkeit erreichen. Moderate berufliche Tätigkeiten, Ehrenämter, Weiterbildung und ein Seniorenstudium fordern im Alter den Geist heraus. Sie trainieren damit das Gehirn sehr viel besser, als Kreuzworträtsellösen, das sehr schnell zu einer gewissen geistigen Routine führt. Auch die Seele braucht in diesem Alter weiterhin Input durch neue schöne Erfahrungen, z.B. Besuch von kulturellen Veranstaltungen, Reisen.

+ **Leben Sie in allen Altersstufen gesundheitsbewusst!**

Ganz wichtig ist, dass Sie auf ausreichende Bewegung, frische Luft und ausgewogene Ernährung achten. Vermeiden Sie möglichst die Zigarette und andere Suchtmittel. Gehen Sie auch insbesondere mit Alkohol verantwortlich und dosiert um. Versuchen Sie langanhaltende körperliche und auch seelische Über- und Belastungen zu vermeiden. Und vergessen Sie nicht Ihren Flüssigkeitshaushalt.

+ **Lassen Sie sich regelmäßig vom Arzt untersuchen und nehmen Sie Vorsorgemaßnahmen in Anspruch!**

Dadurch können drohende Krankheiten frühzeitig erkannt und Behandlungen rechtzeitig eingeleitet werden. Werden Sie initiativ und sprechen rechtzeitig mit Ihrem Hausarzt darüber, was Sie für die Erhaltung der Gesundheit und des Wohlbefindens beitragen können.

Dies ist besonders wichtig, wenn Sie sportlich aktiv sind und auch keine Reisen in die schönen und exotischen Länder der Welt scheuen.

+ **Den eigenen Lebensstil positiv zu verändern, ist nie zu spät!**

In jedem Alter können Sie heute anfangen, ein gesundheitsbewusstes und körperlich, geistig sowie sozial aktives Leben zu führen. Positive Veränderungen des Lebensstils können auf bereits eingetretene oder noch eintretende Risikofaktoren wie z.B. Übergewicht, Bluthochdruck, Stoffwechselstörungen einwirken und schädliche Einflüsse auf das Alter verringern. Ein Grund dafür, dass die Menschen sich vor Veränderungen fürchten, ist, indem sie sich stets auf das konzentrieren, was sie verlieren, anstatt auf das, was sie dazugewinnen könnten. Natürlich bringt eine Veränderung des Lebensstils und auch der eingefahrenen Gewohnheiten Vor- und Nachteile sowie Chancen und Risiken.

+ **Bereiten Sie sich auf das Altern vor!**

Beschäftigen Sie sich rechtzeitig mit der Frage, wie Sie Ihr Leben im Alter, in der Rentenphase, gestalten möchten und was Sie sich dabei wünschen. Binden Sie hierzu Erfahrungen von Freunden und Bekannten ein und suchen auch Rat in der Fülle der angebotenen Literatur. Insgesamt heißt dies auch, sich gedanklich auf Veränderungen im Leben vorzubereiten und sich darauf einzustellen, wie z.B. die Rentenphase, Tod eines Freundes, Verlust des Partners oder der Arbeit, Einschränkung der Mobilität, Kinder und Enkel ziehen weg, Bezug einer kleineren Wohnung, mögliche finanzielle Einbußen. Reflektieren Sie, mit welchen Chancen und Anforderungen sowie Risiken diese Veränderungen verknüpft sind und wie Sie diese nutzen und meistern.

+ **Vermögensstrategie: Schenkung, Erbschaft und Versicherungen wichtig!**

Je nach Vermögenssituation sollten dies auch Fragestellungen sein, die Sie frühzeitig angehen müssten. Wenn Sie es sich erlauben können, geben Sie mit **„warmen Händen“** und besprechen mit Ihrer Familie/Verwandten Ihre Vermögensstrategie, auch immer unter dem Aspekt der Schenkungs- und Erbschaftssteuer. Gerade der Nachlass sollte im Testament frühzeitig und gemeinsam geregelt werden, um im Nachgang Familienstreitigkeiten erst gar nicht aufkommen zu lassen. **„Redet**

ihr noch miteinander oder habt ihr schon geerbt", lautet ein bekannter Spruch. Überlassen Sie es nicht Ihren Nachkommen, wenn Sie abgetreten sind.

Teil Ihrer Vermögensstrategie könnte auch ein Versicherungscheck sein: So brauchen wir im Alter manchen Schutz nicht, z.B. die Berufsunfähigkeitsversicherung. Andere Policen können dagegen wichtiger werden, wie z.B. die Privathaftpflichtversicherung, Krankenversicherung, Auslandsreisekrankenpolice, Pflegezusatzversicherung, Unfallversicherung. Stellen Sie einige Versicherungen auf den Prüfstand und lassen Sie sich beraten, nehmen Sie auch Kontakt auf mit z.B. der Stiftung Warentest.

\+ **Vorsorgemöglichkeiten nicht vergessen!**

Klammern Sie das eigene Lebensende nicht aus, Sie müssen sich auch mit dem Worst Case auseinandersetzen. Dazu gehören neben der Frage nach dem letzten Willen (Testament), auch Vorsorgemöglichkeiten wie eine **Patientenverfügung**, in der der Betroffene festlegt, was im Notfall mit ihm geschehen soll. Ferner Bankvollmachten (Generalvollmacht über Konten) und eine **Vorsorgevollmacht**, die festlegt, z.B. wer Sie gegenüber von Behörden vertreten soll, wenn Sie es nicht mehr können und eine **Betreuungsverfügung**, die als Grundlage für die Auswahl eines Betreuers durch ein Gericht dient, sie regelt ferner den Umfang der gewünschten Betreuung. Auskünfte hierzu bieten Ihnen auch die regionalen Behörden und Aktualisieren Sie diese Vorsorgemöglichkeiten regelmäßig. Niemand möchte doch, dass alltägliche oder lebenswichtige Entscheidungen nach einem Unfall oder einer schweren Krankheit von fremden Menschen getroffen werden. Weder Ihr Partner/in noch die Kinder können adressatenbezogene Entscheidungen treffen, wenn Sie Ihren Willen und Ihre Wünsche nicht kennen.

15.2 Aktives und selbstverantwortliches Leben im Alter

+ **Nutzen Sie ihre neue freie Zeit auch, um Zusätzliches zu lernen!**

Setzen Sie körperliche, geistige, handwerkliche und soziale Aktivitäten, die Sie über viele Jahre oder gar Jahrzehnte entwickelt und aufgebaut haben und die Ihnen lieb geworden sind, auch im Alter, als Senior/in, fort. Öffnen Sie sich Wege zu neuen Aktivitäten. Überlegen sich auch Wege, wie Sie im Alter daran anknüpfen möchten und können. Nutzen Sie die Zeit, um Neues zu Lernen im Sinne des lebenslangen Lernens. Trainieren Sie Gedächtnis und Denken. Partizipieren Sie bewusst an den Entwicklungen in Ihrer Umwelt, z.B. Medien, Digitalisierung, Verkehr. Überlegen Sie sich, was Sie für sich selbst nutzen können und wollen. Aischylos, ein griechischer Dichter formulierte schon vor 2.500 Jahren: **„Zum steten Lernen bleibt auch das Alter jung“**. Nutzen Sie die Bildungsmöglichkeiten an den Volkshochschulen und Weiterbildungszentren sowie als Hörer und Studierende in den zahlreichen Seniorenstudiengängen an Universitäten und Hochschulen, u.v.m.

+ **Bleiben Sie auch im Alter offen für positive Ereignisse und neue Erfahrungen!**

Hegen und Pflegen Sie Ihre Fähigkeit, Ihr Interesse und Ihre Neugierde, sich an schönen Dingen im Alltag zu erfreuen. Bei aktiver Lebensführung und auch einer positiven Lebenseinstellung fühlen Sie sich im Alter gesünder und befreiter. Wenn Sie eine für sich persönlich interessante Aufgabe als Senior/in gefunden haben, wenn Sie sich freuen können und Spaß haben an schönen Gegebenheiten und Aktivitäten und wenn Sie in belastenden Lebenssituationen nicht resignieren, bleibt auch Ihr gesundheitliches Wohlbefinden eher erhalten. Halten Sie nicht an Dingen fest, die Sie belasten. Konzentrieren Sie sich auf das Schöne, jetzt ist die Zeit, tief durchzuatmen und Pläne für neue Lebensjahre zu schmieden. Seien Sie dabei nicht zu zaghaft, wünschen Sie sich nach Herzenslust, wo möchten Sie die nächsten Jahre sein (Lebensstrategie). Schreiben Sie sich bestimmte Punkte und Wünsche auf. Halten Sie es mit J.W. Goethe, der sagte: **„Wenn man alt wird, muss man zeigen, dass man noch Lust zu leben hat“.**

+ **Begreifen Sie das Alter als Chance und Veränderung!**

Begreifen Sie daher als Senior/in das Alter als eine Lebensphase, in der Sie sich weiterentwickeln können. Sie können ihre Fertigkeiten und Interessen erweitern, zu neuen Einsichten und zu einem gereiften Umgang mit den Anforderungen des Lebensalters finden.

Selbst in der Auseinandersetzung mit Belastungen und Konflikten können Sie sich weiterentwickeln. Denken Sie daran, nach neuesten Untersuchungen ist der Mensch bis ins hohe Alter veränderungsfähig. Sehen Sie Veränderungen als Möglichkeit, sich auch neuen Dingen zuzuwenden. Wir können unser Leben verändern, wenn dies auch aus dem Inneren Ihres Herzens kommt und sich somit unsere Geisteshaltung verändert.

+ **Pflegen Sie im Alter Kontakte,**
  intensivieren Sie Ihre sozialen Netzwerke!

Dabei ist es wichtig, dass Sie sich nicht alleine auf die Familie beschränken, denken Sie auch an Nachbarn, Freunde und Bekannte. Bauen Sie sich ein soziales Netzwerk auf. Dabei gilt es zu unterscheiden zwischen beste Freunde, gute Freunde und Bekannte. Öffnen Sie sich für neue Personen. Trennen Sie sich aber von Kontakten, die Sie belasten und Sie nicht weiterbringen, die Ihnen nicht guttun. Auch Kontakte mit jüngeren Menschen bieten Möglichkeiten zu gegenseitigen Anregungen und Bereicherungen. Gerade die Diskussion mit Jüngeren eröffnet eine Vielzahl von Informationen und Denkrichtungen zu den unterschiedlichsten Themen über Generationen hinweg. Geben Sie Ihr Erfahrungswissen weiter und lernen von den jungen Menschen. Denken Sie daran: Mit zunehmendem Alter wird ihr soziales Netz in der Regel kleiner und somit kann im Alter auch die soziale Isolation zunehmen.

+ **Geben Sie der Zärtlichkeit im Alter eine Chance!**

Eine Partnerschaft, in der beide Partner Zärtlichkeit, körperliche Nähe und Sexualität genießen, trägt einerseits zur Zufriedenheit und Ausgeglichenheit bei, andererseits zu körperlichem und psychischen Wohlbefinden. Lassen Sie sich auf keinen Fall durch Menschen verunsichern, die die Meinung vertreten, dass Alter und Zärtlichkeit oder Alter und Sexualität nicht mehr zusammenpassen. Dabei zeigen empirische Untersuchungen sehr deutlich, dass gerade Zärtlichkeit durch Streicheln, Schmusen und Kuscheln bei Senioren dem wachsenden Bedürfnis nach gegenseitiger körperlicher Nähe gerecht werden.

+ **Steuern Sie Ihr Verhalten und machen sich für Ihr soziales Umfeld interessant!**

Nehmen Sie Kontakte mit Gleichgesinnten auf, vermeiden Sie zu viel Einsamkeit. Steuern Sie Ihr Gefühlsleben und zeigen Emotionen sowie Empathie. In der Kommunikation mit anderen will auch zuhören gelernt sein und ausreden lassen, das macht Sie interessanter und begehrenswerter. Vermitteln und versehen Sie Spaß und verbreiten Humor. Lassen Sie Vertrauen zu und bekämpfen Lustlosigkeit und Antriebslosigkeit. Und ab und an ist es wichtig, die Seele baumeln zu lassen, Nichtstun und Mußestunden einstreuen und auch mal das Sofa-Universum genießen.

+ **Nutzen Sie Ihre Stärken und arbeiten an Ihren Schwächen!**

Zur Identität jedes Menschen gehören auch seine Stärken und Schwächen, die für jeden Einzelnen typisch sind, z.B. gefühlvoll, ehrgeizig, kommunikativ, pessimistisch, zuverlässig oder unordentlich. Zwar wissen wir, dass niemand in allen Bereichen und Fähigkeiten des Lebens gut sein kann, doch oftmals hoffen wir, dass dies bei uns selbst anders ist. Wichtig ist, dass wir Menschen im Alter sowohl unsere Stärken als auch unsere Schwächen kennen. Jetzt gibt es seit einigen Jahren Instrumente, die das Wissen und die Fähigkeiten von Menschen messen, allerdings nur als Selbsteinschätzung. Diese wollen wir jetzt aber nicht anwenden. Wir führen eine Fremdanalyse mit unserem Umfeld durch, mit Menschen, die uns besonders gut kennen und lassen diese uns einschätzen (Fremdeinschätzung), in der Hoffnung auf Ehrlichkeit in den Aussagen. Dabei helfen uns unsere Schwächen, im Rentenalter richtig zu handeln und eventuell mit Menschen zusammenzukommen, die diese Schwächen kompensieren können. Gerade im privaten Bereich (Familie, Kinder) nutzen wir viel zu wenig die Evaluation unserer Stärken und Schwächen.

+ **Denken Sie an Ihren Körper, ihre Konstitution und trauen Sie diesen etwas zu!**

Treiben Sie Sport und bewegen Sie sich ausreichend, ohne sich zu überfordern, und dies nicht erst mit Eintritt ins Rentenalter, denn damit erhalten Sie Ihre körperliche Leistungsfähigkeit. Bitte überfordern Sie aber Ihren Körper nicht, indem Sie versuchen, die letzten 20 unsportlichen Jahre nachholen möchten, denn dieser rächt sich bei Überbeanspruchung. Wichtig ist, dass Ihr Stütz- und Bewegungssystem elastisch und kräftig bleibt. Dann spüren Sie Ihren Körper auf angenehme Art und Weise. Sprechen Sie mit Ihrem Arzt, einem Sportmediziner oder einem Trainer in Ihrem Sportverein darüber, welche Art des körperlichen Trainings, insbesondere auch für mögliche Späteinsteiger, die richtige ist. Wenn Sie Ihren Körper missachten, werden Sie krank.

+ **Bedenken Sie im Vorfeld die Auswirkungen der Rentenphase!**

Im Rentenalter wirken ganz besonders die Sozialkontakte mit Familie, Freunde usw., ferner der Umgang mit dem Freizeitbudget, die zur Verfügung stehen finanziellen Mittel und natürlich die Gesundheit. Individuelle Unterschiede zwischen den Betroffenen liegen in der Bedeutung der Rentenzeit, den Erwartungen an die Zeit nach der Berufsaufgabe, der Vorbereitung auf den Ruhestand, die Auswirkungen der Rentenzeit sowie auch die persönliche Einstellung zum Ruhestand und denken Sie daran: **Das Altern beginnt im Kopf.**

15.3 Alter ist keine Krankheit – Selbständigkeit möglichst lange erhalten

+ **Gesundheit ist keine Frage des Alters!**

Fragen Sie sich immer wieder, und dies noch vor Ihrem Ruhestand, was Sie tun können, um im Alter Ihre Gesundheit, die Selbständigkeit und die Selbstverantwortung zu erhalten. Merken Sie sich: Allein des Alters wegen büßen wir nicht die Gesundheit sowie die Fähigkeit zur selbstverantwortlichen Lebensführung ein.

+ **Nehmen Sie Krankheiten nicht einfach hin!**

Wenn Erkrankungen auftreten, wenden Sie sich umgehend an Ihren Arzt. Auch im Falle einer chronischen Erkrankung ist der regelmäßige Besuch der ärztlichen Sprechstunde im Alter wichtig und notwendig. Nicht resignieren oder in Schockstarre geraten. Nicht hoffe, dass es auch ohne Rat eines Mediziners besser wird. Denken Sie daran, dass die Medizin heute so weit entwickelt ist, dass Ihnen z.B. auch bei Einbußen des Seh- oder Hörvermögens geholfen werden kann. Nehmen Sie Krankheiten nicht einfach so hin, suchen Sie den Rat eines Spezialisten und nutzen Sie diesen. Ist Ihre Selbständigkeit durch eine Erkrankung beeinträchtigt, sprechen Sie mit Ihrem Arzt über eine mögliche Rehabilitation.

Wichtig ist, dass Sie Erkrankungen im Alter nicht mit sich selbst ausmachen und auf „Wunderheilung“ oder den Rat von „Dr. google“ hoffen, sprechen Sie mit Ihrem Arzt und nehmen auch an Früherkennungsuntersuchungen teil.

+ **Suchen Sie nach guter Hilfe und Pflege und zwar rechtzeitig!**

Im Alter ist es ferner wichtig, sich sehr rechtzeitig mit der Hilfs- und Pflegebedürftigkeit auseinanderzusetzen. Achten Sie darauf, dass Ihnen durch eine derartige Situation nicht die Selbständigkeit und Selbstverantwortung genommen wird. Wählen Sie einen Vormund aus der Familie aus, dem Sie besonders vertrauen.

Falls Sie durch Familienangehörige betreut werden, denken Sie daran, dass diese nicht überfordert werden und ausreichend Unterstützung erhalten. Informieren Sie sich schon rechtzeitig vorher, z.B. bei Pflegediensten, den Kreisverwaltungen, was auf Sie und Ihre Angehörigen im schlimmsten Fall zukommen kann.

+ **Achten Sie auf Ihre Gesundheit!**

„Bewegung ist das halbe Leben“, ein Leitspruch, den Sie beherzigen sollten. Merken Sie sich, dass Sie sich täglich mindestens eine halbe Stunde so bewegen, dass Sie ins Schwitzen geraten. Dies wirkt gegen den rapiden Abbau der Muskel- und Knochenmasse Ihres Körpers und ihre Muskelkraft bleibt erhalten. Ferner schulen Sie Ihr Gleichgewichtsorgan. Essen Sie viel pflanzliche Kost, dies ist für eine gute Verdauung wichtig. Nehmen Sie täglich viel Flüssigkeit zu sich (2–3 Liter), dies unterstützt einerseits die Nieren und die Hautalterung beginnt später.

+ **Verinnerlichen Sie aber auch die Schattenseiten des Älterwerdens!**

Neben vielen positiven Seiten hält das Altern auch schwierige Herausforderungen für uns bereit. Dazu zählen gesundheitliche Einbußen. So steigt im Alter das Risiko zu erkranken deutlich an. Zeigen Sie sich sensibel für frühe Anzeichen von Erkrankungen. Auch der Verlust von nahen Angehörigen gehört zu den stressreichsten kritischen Ereignissen in unserem Leben sowie auch die Auseinandersetzung mit dem eigenen Lebensende, gerade bei letzterem ist es gut zu wissen, dass „Alles" geregelt ist.

Halten wir es abschließend zu diesem Kapitel mit einem weißen Spruch des römischen Philosophen und Politikers Lucius A. Seneca, der sagte: **Auf alles versteht sich ein in Beschlag genommener Mensch besser, als auf die Kunst zu leben: Es gibt keine Kunst, die schwerer zu erlernen wäre".**

16 Zusammenfassung und Ausblick

Wir wollen im Alter eine Lebenshaltung gewinnen, in der wir mit den Widrigkeiten unseres alltäglichen Lebens so umgehen, dass wir uns selbst und anderen nicht schaden. Misstrauen, Eifersucht, Wut, negatives Denken sind überwindbar, ebenso Gefühle von Unsicherheit und Angst. Wenden wir uns stärker den positiven Dingen zu, entwickeln eine positive Grundeinstellung zum Leben und genießen Lebensfreude und Lebenslust.

Es ist unbedingt empfehlenswert, sich schon einige Jahre vor dem Ruhestand Gedanken über diese Lebensphase zu machen und ein **„Ruhestandsmanagementsystem"**, einen Plan, für sich selbst zu entwickeln. Dabei ist eine Vorbereitung auf die Rentenphase wichtig sowie die frühzeitige Identifikation und innere Einstellung mit dieser Lebensphase. Ferner sollten Sie Ihr Augenmerk auf die positiven Seiten, die dieser Lebensabschnitt bietet, richten, somit stehen Ihre Chancen gut für diesen Neustart. Fragen Sie in Ihrem Unternehmen nach Möglichkeiten der Vorbereitung (Personalentwicklung 60plus), erschließen Sie sich über Internetquellen und einige Bücher den einen oder anderen Zugáng zu dieser Thematik und scheuen Sie sich nicht mit Ruheständlern darüber zu reden und Tipps einzufangen. Die Lebensphase „Ruhestand" bietet, wie beschrieben, eine Vielfalt von Möglichkeiten, setzt aber beim Einzelnen auch Engagement und Veränderungen voraus nach dem Leitsatz: **„Jeder ist seines Glückes Schmied"**. Bleiben Sie körperlich aktiv, geben Sie Wissen und Erfahrungen an die jüngeren Generationen weiter, verwenden Sie Zeit für Kreativität in jeglicher Hinsicht und halten sie die grauen Zellen fit, indem Sie sich weiterbilden und es mit dem Lernen im Alter, dem lebenslangen Lernen, ernst meinen. Denken Sie dabei an den Spruch von Immanuel Kant, der sagte: **„Mit dem Alter nimmt die Urteilskraft zu und Genie ab“.**

Ältere Menschen sind heute so gut aufgestellt, wie nie zuvor – gesundheitlich, physisch und psychisch. Dies sind wesentliche Voraussetzungen für ein angenehmes Leben im Alter für die meisten von uns. Aber, ein gutes Leben bis ins hohe Alter ist kein Selbstläufer und kommt nicht von alleine. Wie Sie gelesen haben, müssen Sie etwas dafür tun wie z.B. körperliche Anstrengung, geistige Fitness und die Aufrechterhaltung eines intakten sozialen Umfeldes. Auch Ihre neue Lebensphilosophie müssen Sie diesen veränderten Umständen anpassen. Verschiedene Wissenschaftsfelder wie z.B. die Entwicklungspsychologie, die Ernährungswissenschaft, die Sportwissenschaften, die Medizin sowie auch die Gerontologie haben sich intensiv mit diesen Fragestellungen beschäftigt und auch eine Vielzahl von Lösungen angeboten, die wir erproben könnten.

Wir müssen uns das ganze Leben hindurch mit den verschiedensten Aufgaben auseinandersetzen. Dies sind Funktionen, die auch mit einem bestimmten Lebensalter und einem Lebensabschnitt zusammenhängen und deren Abarbeitung einerseits die Gesellschaft, andererseits wir auch selbst von uns erwarten. Prof. Havighurst, ein amerikanischer Erziehungswissenschaftler, sprach hier von **Entwicklungsaufgaben.** Diese Aufgaben stellen sich in jeder Lebensphase, zu der auch die Rentenphase zählt. Er geht davon aus, dass der Einzelne im Verlauf seines Lebens dabei immer wieder unterschiedlichsten Problemen gegenübersteht, die es zu bewältigen und zu lösen gilt und mit denen wir uns weiterentwickeln sowie leben müssen, im Rentenalter z.B. Umgang mit den Alter, Aktivitäten im Alter, Alterseinbußen körperlicher und psychischer Art.

Die Zufriedenheit im Alter und die Anpassung an die Ruhestandsphase kann als Ergebnis der fortgesetzten Aktivitäten des Berufes während der Zeit des Ruhestandes gesehen werden. Dabei wird der Verlust an Rollen, Kontakten und Funktionen/ Positionen im Beruf kompensiert und ersetzt durch zusätzliche Kontakte, das soziale Umfeld, Beschäftigungen wie z.B. Weiterbildung, Reisen, Hobbies, Freizeitaktivitäten, Familie.

Somit sind wir in jeder Lebensphase gefordert, bestimmte Aufgaben zu übernehmen, sei es z.B. die Schule abzuschließen, ein Studium oder eine Ausbildung zu absolvieren, einen Beruf auszuüben, eine Familie zu gründen oder aber später im Rentenalter bestimmte Tätigkeiten Wahrzunehmen. Damit hinterlassen wir auch etwas für die Nachwelt, indem wir uns um die **nachfolgende Generation** sorgen, bemühen und kümmern.

Wichtig ist, dass wir uns in dieser Lebensphase auf uns selbst und die Personen konzentrieren, die uns besonders nahestehen und uns viel bedeuten. Dafür ist es wichtig, dass wir emotional mit Personen umgeben, die uns guttun. Eingangs im Vorwort hatten Sie schon Kontakt mit dem Entwicklungsforscher und Gerontologen Paul Baltes, und mit ihm wollen wir heute aussteigen. Seine Frau Magret und er haben ein Modell der menschlichen Entwicklung in den „Wissenschaftsring“ geworfen, mit der Grundaussage, dass wir Menschen uns im Verlaufe unseres Lebens mit vielen Entwicklungsmöglichkeiten und Veränderungen konfrontiert sehen. Dabei gehört das Auswählen, die Selektion und die Kompensation zu den wichtigsten Aufgaben über unser gesamtes Leben hinweg. Wichtige, ausgewählte Beschäftigungsmöglichkeiten, z.B. Hobbies, gilt es aufrecht zu erhalten, zu verändern und zu verbessern (Optimierung) im Zeitablauf verlorene Ressourcen, Potenziale und Kräfte sind auszugleichen (Kompensation). So werden wir mit zunehmendem Alter in der Wahl unserer Möglichkeiten immer selektiver und das ist auch richtig so. Konzentration auf das Wesentliche ist angesagt, auf das, was uns guttut, denn wir „müssen nicht mehr müssen“.

Die Ergebnisse zahlreicher Untersuchungen zum Altern und dem Ruhestand, die Entwicklungen im Forschungsfeld Gerontologie und die Darstellungen hierzu im Rahmen dieses Buches sollten auch Bestandteil des HR-Management für Unternehmen werden. Dies bezieht sich besonders auf die lebensphasenorientierte Personalentwicklung, Baustein PE 60plus, ferner die Entwicklung von weiteren arbeitsplatzbezogenen Regelungen sowie neuen Arbeitsmodellen auch für einen gleitenden Übergang in den Ruhestand und danach. Dies könnte Unternehmen zur weiteren Nutzung von besonderen Potenzialen und Kompetenzen Ihrer angehenden Rentner beflügeln. Die Übergangsregelungen gehören bestimmt auch für einige Rentner zur new life balance, zumindest in den ersten Rentenjahren.

Und noch eine Perspektive: Gerade der gleitende Übergang in den Ruhestand beinhaltet positive Aspekte wie die Selbstbestimmtheit des Zeitpunktes und das Ausmaß einer Arbeitsreduktion im Alter. Dabei können Arbeit und Freizeit kontinuierlich aufeinander abgestimmt werden. Die Arbeitskraft kann den Kompetenzen und auch den Kräften entsprechend eingesetzt werden, was auch den Unternehmen zugutekommt. Die Einführung einer flexiblen Altersgrenze bietet vielen für den Übergang und den Einstieg in die Ruhestandsphase Erleichterung. So könnte jeder einzelne seine flexible Altersgrenze selbst kontrollieren, trotz der Tendenz, möglichst früh in Rente gehen zu können. Die Gefahr einer Flexibilisierung der Altersgrenze könnte allerdings darin liegen, dass nicht jeder die Ruhestandssituation abschätzen kann und daher möglicherweise voreilig in die Rentenzeit geht.

Insgesamt ist es wichtig, dass wir eine new-life-balance im Alter finden, die das Ergebnis der Ausgeglichenheit von Familie, Freunde, Sport, Bildung, Beruf usw. sind. Wobei Sie sich gewisse Fixpunkte pro Woche oder Monat für bestimmte Aktivitäten festlegen sollten, z.B. montags 14.00 Uhr Einsatz im Unternehmen, mittwochs 18.00 Uhr Sport, freitags 16.00 Uhr vierzehntägig Skatspiel mit Kumpels. Dies schafft Struktur für Sie und Ihr Erleben und das brauchen wir.

Wir halten allerdings fest: Der Prozess der Rentenphase läuft individuell ab, jeweils in Abhängigkeit von der Einzelperson, d.h. allgemeingültige Aussagen und auch Prognosen über einen möglichen individuellen Rentenprozess können nicht getroffen werden. Die individuellen Unterschiede können dabei in der unterschiedlichen Bedeutung des Ruhestandes für den Einzelnen, in den Erwartungen an die Zeit nach der Berufstätigkeit, in der Vorbereitung auf den Ruhestand, den Auswirkungen der Rentenzeit (z.B. Status „Rentner" und Prestigeverlust) sowie in der Einstellung zum Ruhestand, liegen. Besondere Voraussetzungen für eine „optimale" Bewältigung des Ruhestandes sind erworbene Aspekte, die wir uns während unseres gesamten Lebens angeeignet haben, z.B. Bildung/Qualifikation, Persönlichkeit, Sozialpartner, materielle Mittel. Ferner sind für die Lebenssituation genauso prägend das Geschlecht, die Lebensform, kulturelle Prägungen sowie auch die soziale Herkunft von Personen. Alle zusammen bieten die Möglichkeit zur Entwicklung angesehener sozialer Rollen im Ruhestand und die Schaffung eines Selbstbildes, das vom Beruf unabhängig ist.

Die Rentenzeit/-phase ist also gekennzeichnet durch eine Vielfalt des Lebens im Alter. Ältere Menschen, die Senioren, sind keine homogene Gruppe. Die zunehmende Ausdifferenzierung von Lebensläufen und Lebenslagen zeigt, dass die Lebenssituation von Menschen mit steigendem Lebensalter immer unterschiedlicher werden.

Das wichtigste jedoch ist, dass Sie bei allem was Sie tun und entscheiden, auch in hohem Alter, Freude haben und stets neugierig auf Neues und Interessantes sind und sich eine gesunde Lebenseinstellung wahren, aufbauen und beibehalten sowie positiv denken. Halten wir es dabei abschließend mit der Weisheit des indischen Philosophen und Lyrikers Tragore, der in der Zeit von 1861–1941 lebte und im Jahre 1913 einen Nobelpreis erhielt. Er sagte: **„Ich träumte und dachte, das Leben sei Freude. Ich erwachte und sah, das Leben ist Pflicht. Ich tat meine Pflicht und das Leben ward Freude“.**

Diese Freude an Ihrem Leben im Ruhestand wünsche ich Ihnen.

Verwendete und empfehlenswerte Literatur:

Baltes, P.B./Baltes, M.M.: Erfolgreiches Altern. Mehr Jahre und mehr Leben, in: Baltes, M.M. u.a. (Hg).: Erfolgreiches Alter: Bedingungen und Variationen, Bern 1989, S. 5–10

Berger, A.: Immer ausschlafen ist auch keine Lösung, Hamburg 2020

Braun, K.-H.: Entwicklungsaufgaben, in: Coelen, T./Otto, H.-U. (Hg.): Grundbegriffe Ganztagsbildung, Wiesbaden 2004, S. 109–117

BuMi für Familie, Senioren, Frauen, Jugend (Hg.): Runder Tisch Aktives Altern – Übergänge gestalten, Berlin 2016

Cicero: Cato Major de Senectute, Reproduktion des Originals, Frankfurt 2018

Conen, H.: Ich fange jeden Tag neu an, Augsburg 2001

Dunigg, Ch.: Die Macht der Gewohnheit: Warum tun wir, was wir tun, München 2013

Foerst, R.: Die Zündung des Witzes, Berlin 2001

Franz, E./Lag, E.: Am Ende des roten Teppichs, Hamburg 2017

Fournier, von C.: Lebensstrategie. Die Kunst das richtige Leben richtig zu leben, Stockheim 2001

Gerke, H.-J.: Geschichte der Antike, Stuttgart 2013

Goldammer, D.: After Work Balance – die Zeit danach, Wiesbaden 2014

Goleman, D.: Emotionale Intelligenz, München 1995

Goleman, D.: Soziale Intelligenz, München 2006

Grönemeyer, D.: Lebe mit Herz und Seele, sieben Haltungen zur Lebenskunst, Freiburg 2006

Grün, A.: Gelassen älter werden, Freiburg 2017

Haas, Ch.: Darum suchen deutsche Rentner einen Job, in: www.welt.de – Wirtschaft, 2018

Hartmann, M.: Die Praxis des Vertrauens, Berlin 2011

Hartogh, T./Wickel, H.H.: Musizieren im Alter, Mainz 2008

Hubrich, Y.: Das Sofa-Universum, Hamburg 2001

Höffe, O.: Altern in Würde, Vortrag am 20.11.2010 Hamburg (www.ethikrat.org)

Höffe, O.: Philosophie des Alters, in: FAZ.NET, Abtlg. Feuilleton (www.FAZ.Net)

Höffe, O.: Die hohe Kunst des Alterns, München 2019

Hohensee, T.: Gelassenheit beginnt im Kopf, Stuttgart 2015

Hopkins, J. (Hg.): Dalai Lama – Der Weg zum Glück, Sinn im Leben finden, Freiburg 2002

Infratest Sozialforschung – Jung und Alt heute, München 2003

Irle, M.: Älter werden für Anfänger, Reinbek 2009

Jasper, B.M.: Gerontologie. Das Alter verstehen, Bd. 1, Hannover 2019

Jellouschek, H.: Die Kunst als Paar zu leben, Stuttgart 2013

Jessen, R.: Humor und Lebenszufriedenheit im deutsch-dänischen Kulturvergleich, Baden Baden 2020

Kahneman, D.: Schnelles Denken, langsames Denken, München 2011

Kammerer, Chr.: Senior, Oldies, Best Ager, Junggebliebene – wie würden Sie sich selbst bezeichnen, in: wize.life/news/gesellschaft 2014, abgerufen am 15.3.2020

Knoblauch, J. u.a.: Zeitmanagement, Freiburg 2019

Koeder, K.W.: After work life balance, in: ifams-Schriften 2019

Koeder, K.W.: Studieren lernen, München 2019

Koeder, K.W./Koeder, T.: Mitarbeiterführung – Leading people, pragmatische Führungsinstrumente, Baden-Baden 2020

Korte, M.: Jung im Kopf: Erstaunliche Einsichten der Gehirnforschung in das Älterwerden, München 2014

Kruse, A.: Lebensphase hohes Alter, Heidelberg 2017

Kruse, A.: Zukunft Altern, Berlin 2010

Lehr, U.: Psychologie des Alterns, Kirchheim 2006

Likar, R. u.a.: Lebensqualität im Alter, Wien 2005

Lorber, L.: Menschenkenntnis, München 2015

Moeller, M.L.: Die Wahrheit beginnt zu zweit, Reinbek 2019

Nadolny, S.: Die Entdeckung der Langsamkeit, München 1994

Notker, W./Lindner, L.G: Alt bleiben beginnt im Kopf, jung bleiben auch, Asslar 2015

Osho: Leben, lieben, lachen, Köln 2003

Oubaid, V.: Der Faktor Mensch, Berlin 2019

Pichler, B.: Aktuelle Altersbilder: „Junge Alte" und „alte Alte", in: Ahner, K./Karl, U. (Hg.): Handbuch soziale Arbeit und Alter, Wiesbaden 2010, S. 415–425

Rheinisches Landesmuseum Bonn (Hg.): Alter in der Antike: Die Blüte des Alters aber ist die Weisheit, Mainz 2009

Renk, E.: Das Feierabend-Startup, München 2017

Rentsch, Th.: Altern in unserer Zeit, Frankfurt 2013

Rohleder, N.: Muße für Manager, in: Personalwirtschaft, Heft 5/2015, S. 32–35

Rosenmayr, L.: Schöpferische Altern, eine Philosophie des Lebens, Münster 2007

Prosinger, W.: In Rente, Reinbek 2014

Saum-Aldehoff, Th.: Big Five – sich selbst und andere erkennen, Düsseldorf 2012

Saup, W. Konstruktives Altern, Göttingen 1991

Saup, W.: Studienführer für Senioren, Hg. BMBF, Bonn 2001

Schmid, W.: Gelassenheit, Berlin 2014

Schnabel, U.: Muße: Vom Glück des Nichtstuns, München 2010

Schneider, I.J.: Herausforderung Ruhestand – Krise oder Chance? Berlin 2018

Schönhusen, H.: Die Kunst des Humors, Berlin 2015

Schumacher, H.: Restlaufzeit, Frankfurt 2014

Schwab, R.: Einsamkeit, Göttingen 1997

Seiwert, L.: Zeitnah leben – Wie Sie ihre Lebensbalance auf Kurs bringen, Heidelberg 2014

Seiwert, L.: Mehr Zeit für das Wesentliche, Landsberg 2002

Seiwert, L.: Mehr Zeit fürs Glück – Life-Balance, München 2002

Seidenstricker, I.: Zeit für Neues, München 2018

Seligman, M.: Der Glücksfaktor, Stuttgart 2005

Seligman, M.: Wie wir aufblühen, München 2015

Siegrist, J.: Arbeitswelt und stressbedingte Erkrankungen – Forschungsevidenz und präventive Maßnahmen, München 2015

Sonntag, K.H. (Hg.): Vertrauen, Heidelberg 2011

Specht, K.: „Wahre Freundschaft“, Baden-Baden 2020

Spitzer, M.: Einsamkeit, München 2018

Staatsinstitut für Familienforschung der Universität Bamberg (IFB) Hg.: Forschungsbericht Nr. 4, Älter werden als Single, Bamberg 2000

Tesch-Römer, C.: Soziale Beziehungen alter Menschen, Stuttgart 2010

Thom, N./Zaugg, R.J. (Hg.): Moderne Personalentwicklung, Wiesbaden 2007

TK-Broschüre: Aktiv in den Ruhestand, Technikerkrankenkasse, 2020, Internet: www.tk.de, tk-Broschuere-aktiv-in-den-Ruhestand-data, abgerufen am 15.7.2020

Torralba, F.: Die Kunst des Zuhörens, München 2007

Verplanken, B.: The Psychology of Habit, Berlin 2018

Wahl, H.W.: Die neue Psychologie des Alterns: Überraschende Erkenntnisse über unsere längste Lebensphase, München 2017

Wahl, H.W. u.a.: Angewandte Gerontologie. Intervention für ein gutes Altern in 100 Schlüsselbegriffen, Stuttgart 2012

Wahrendorf, M. u.a.: Linking Quality of Work in Midlife to Volunteering During Retirement: an European Study: Poplation Aging, 2015

Wagner-Hasel, B.: Eine Kulturgeschichte: Alter in der Antike, Köln 2012

Weinstein, M.: Lachen ist gesund – auch für ein Unternehmen, Wien 1996

Weinstein, M.: Management by Fun, München 2002

Wurm, S./Huxhold, O.: Sozialer Wandel und individuelle Entwicklung von Altersbildern, Wiesbaden 2012

www.emk.tu-darmstadt.de, Altersbedingte Beeinträchtigungen, abgerufen am 15.6.2019

www.siebenjahrelänger.de/rentnertypen/, abgerufen am 25.12.2019

Zeitfracht Medien GmbH
Ferdinand-Jühlke-Straße 7
99095 Erfurt, Deutschland
produktsicherheit@kolibri360.de